ΠΛΟΥΤΑΡΧΟΥ

ΠΕΡΙ ΤΗΣ ΗΡΟΔΟΤΟΥ ΚΑΚΟΗΘΕΙΑΣ

PLUTARCHI

DE HERODOTI MALIGNITATE

ΠΛΟΥΤΑΡΧΟΥ

ΠΕΡΙ ΤΗΣ ΗΡΟΔΟΤΟΥ ΚΑΚΟΗΘΕΙΑΣ

PLUTARCHI

DE HERODOTI MALIGNITATE

EDIDIT

PETRUS ALLANUS HANSEN

AMSTELODAMI
APUD ADOLPHUM M. HAKKERTIUM
1979

ISBN 90 256 0695 4

Typeset by G. Tsiveriotis Ltd, Athens, Greece
Printed in Greece

PRAEFATIO

De codicibus, editione principe, excerptis Plethonis.

De codicibus et Aldina *1969*, de excerptis Plethonis *1974* egi. perpauca hic repetam. de his rebus praeterea scripserunt Diller, Flacelière, Hubert, Manton, Pearson, Treu, Turyn, Wilson; v. infra conspectum virorum doctorum.

stemma, mea quidem sententia, hoc est:

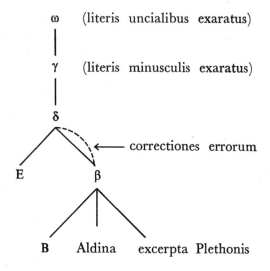

1. codex E, Parisinus Gr. 1672, membraneus, nitidissime scriptus, totum corpus 'Planudeum' continet. paulo post annum 1302 exaratus esse vulgo credebatur, sed cf. Turynium (ca. 1325)

V

et Wilsonium (post medium saec. xiv). nota : in Vitis siglo B designatur. - Parisiis contuli.

2. codex B, Parisinus Gr. 1675, saec. xv, delectum e scriptis Plutarchi praebens, nitidissime in chartis a viro docto exaratus est. hic illic exhibet varias lectiones supra lineam in scribendo additas. quae duplices lectiones e codice β repetitae esse atque errores cum correctionibus esse videntur. in B error modo in contextu, modo supra lineam legitur. praebet codex cum coniecturas, et optimas et prauas, tum lectiones veras quae neque e coniectura exstitisse neque e codice E deriuatae esse possunt. nota : in Vitis siglo E designatur. - Parisiis contuli.

3. editio Aldina, a Demetrio Duca Cretensi curata, e codice β excusa esse videtur. scatet mendis typothetae et aberrationibus absurdis, et auctoritate omnino caret. semel vel bis coniecturam non valde difficilem praebet, sed caue ne quid in hac editione tradi credas quod non in E vel B exstet.

4. excerpta Gemistii Plethonis (quae e codice Marciano Gr. 517 Venetiis exscripsi et primus publici iuris feci) etiam e codice β fluxisse mihi quidem videntur, cum A. Diller ea ex E sumpta esse putet. Pletho emendationes nonnullas bonas praebet (iis quas *1974* 7 enumeraui adde duas : exc. 7 ῥυσάμενοι ut Jacobs et exc. 8 παρὰ Θηβαίων ut Amyot in versione).

De marginalibus.

Quae hic citantur ipse exscripsi (nisi quae me non vidisse infra confiteor). sunt autem haec, omnia in exemplaribus editionis Aldinae adscripta :

VI

PRAEFATIO

F. Ursini, Bibl. Vat., Aldine I.23. in titulo
haec nota legitur : 'Conlatus est cú codice quem
Nicolaus Leonicus castigarat. hic codex lrã ·L·
significatur. litera ·R· notantur antiquissimi codices
tum ex Vaticano, tum ex Car^lis Rodulphi biblio-
theca. Δ. lrá Donati Poli codicem signat. sed casti-
gationes fere omnes, quae erant in Poli codice,
erant eĩ in eo quem olim Leonicus castigarat. quare
Leonici castigationib; non apposita est lrá ·Δ· cum
hae ab illo acceptae videantur. in postremis quidem
libellis paucae admodũ castigationes inuentae sunt,
eae scilicet, quae ex Leonici codice acceptae sunt.
harũ autem castigationũ copiam mihi fecit Donatus
Iannoctius Florentinus, vir morum probitate &
doctrina praestans. his autem adiecimus castiga-
tiones quę erant in Petri Victorij codice; & notantur
litera ·V· eadem marginalia et nota eadem ultima
sententia omissa in Aldina in Bibliotheca Regia
Hafniensi seruata (16, 120, fol.) exstant. nomen
Victorii in Aldina Hafniensi omnino deest et usus
siglorum L et Δ hic illic ab Aldina Romana discre-
pat. rationem cognationis horum duorum librorum
nondum intellexi. Wyttenbach in praefatione xc
sq. duorum exemplarium Aldinae haec marginalia
praebentium alterum Romae seruari et falso Mureti
esse (v. infra) dicit, alterum (sine nota in titulo
scrïpta) in 'bibliotheca Academiae Lugduno-Ba-
tavæ, inter libros Vossianos num. 159' exstare nos
certiores facit (hos non vidi). aliquot correctionum
Leonici Wyttenbach in apparatu ex exemplari
Lugdunensi praebet.

M.A. Mureti, Bibl. Vat., Aldine I. 43. in titulo
haec nota legitur : 'Conlatus est cú codice quem
Nicolaus Leonicus correxerat. Hic codex littera L·
sig^tur Littera R, notantur antiquissimi codices tú
ex Vaticano, tú ex Car^lis Rodulphi bibliotheca.

VII

PRAEFATIO

Δ, Donati Poli codicé sig^{at} Sed quae in eo eadé fere olí erant in illo Leonici. Quare Leonici emendationib· non apposita est littera Δ. cú hae ab illo acceptae viderentur. Haec dedit Donatus Jannoctius Fulvio Vrs. js N. Maiorano ep^s Molfittensi, a quo ego accepi. Littera V. sig^{at} librú Victorij.' sed sigla (L Δ V) correctionibus (quae sunt plurimae) non accedunt.

J. Lascaris, Bibl. Vat., Aldine I.24-25. correctiones paucissimas exhibet.

Scipionis Carteromachi, Bibl. Vat., Aldine I.22. correctiones manu J. Honorii (ut videtur) scriptas non multas praebet.

A. Turnebi, Bibl. Nat., Rés. J. 94. correctiones plurimas praebet, quarum multae in calce editionis anni 1599 (nonnumquam mendose) afferuntur. hic illic Wyttenbach correctionem e libro ipso sumptam in apparatu suo dedit, sed plerumque editione Wecheliana tantum usus est. cum nihil in apparatu addidi, lectionis mentionem nec Wechel nec Wyttenbach fecit.

omnia marginalia ad libellum De Herodoti Malignitate adscripta coniecturas esse neque e codice sumpta certissimum est.

cum primus auctor emendationis alicuius e marginalibus cognoscitur, notaui etiam locum quo primum publici iuris facta est.

Addendum : nescioqua de causa Parisiis marginalia Turnebi solum inspexi, cuius rei valde me taedet. Cuvigny nuper de marginalibus et praesertim de marginalibus ab Amyoto in exemplari editionis Frobenianae (Bibl. Nat., Rés. J. 103), a Turnebo (v. supra), ab Iannoctio in exemplari editionis Fro-

VIII

PRAEFATIO

quibusdam usus codicum ab usu editionum differt. raro errores deprehenduntur.

in formis Herodoteis cod. E sexies iota subscriptum praebet (ἀνθρωπήων [sic] 12.15, πέρσῃσιν 28.4 et 30.2, καλλίῃ 30.15, τῇσι γνώμῃσι 39.13, πλαταιῇσιν 64.5), alibi nusquam; in cod. B iota subscriptum non inueni.

Ἀρτεμεισι. (nomen loci et nomen reginae) cod. E semper habet; reliquos itacismos qui exstant paucissimos ad fidem codicum demonstrandam in apparatu posui; cf. quae *1969* 5 not. 16 scripsi.

Πελοπονησ. cod. E semper praebet.

in apparatu usum editioni adhibitum plerumque sequor, ita ut e.g. μὴ δὲ et σωχάρης codicum a me in μηδὲ et Σωχάρης mutata in apparatu legantur.

De locis parallelis.

In locis parallelis afferendis raro omnes praebere studui, multos consulto praetermisi, praesertim locos mythologicos qui in *RE* vel alibi facile inuenies et locos qui apud commentatores Herodoti et scriptores bellorum Persicorum laudati sunt.

De editionibus.

Libellus De Herodoti Malignitate numquam antea separatim prodiit. in editionibus Operum omnium Plutarchi vel Moralium incluserunt :

Aldus Manutius, Venetiis 1509 (Moralia tantum), pp. 1032-1050. de hac editione v. praefationem supra.

H. Frobenius et N. Episcopius, domini officinae

XI

PRAEFATIO

Frobenianae, Basileae 1542 (Moralia tantum), pp.
863-877. nomen editoris ignoratur. multas emenda-
tiones bonas errorum codicum et Aldinae praebentur,
sed codices manuscripti usurpati non sunt.

H. Stephanus, Moralium vol. iii, Geneuae 1572,
pp. 1570-1605. editio Aldina textui fundamento fuit.
coniecturas e marginalibus Stephanus deprompsis-
se videtur. cf. etiam Wyttenbachii praef. cvii-cxiv.
cf. infra sub anno 1599.

G. Xylander, Basileae 1574 (Moralia tantum),
pp. 668-679. quamquam multas emendationes tex-
tui huius editionis Xylander inseruit, multas quas
in versione vel notis antea proposuerat, nescioqua
de causa in editione praetermisit.

heredes A. Wechelii bibliopolae, Operum vol.
ii, Francofurti 1599, pp. 854-874. est textus Ste-
phanianus addita versione Xylandri. in calce notas
virorum doctorum et antea publici iuris factas
(cf. infra de versione Xylandri) et ineditas (cf.
supra de notis Turnebi) exhibet. editio repetita
est Francofurti 1620 et Parisiis 1624. paginae et
paginarum partes in editionibus Plutarchi indicatae
editionis anni 1599 sunt. paginae editionum annorum
1620 et 1624 eaedem sunt, sed paginarum partes
differunt.

(J.J. Reiske), Operum vol. ix, Lipsiae 1778,
pp. 393-467. bibliopola textum et versionem ex
editione Wecheliana sumpsit et notis Reiskii (alio-
rumque) iam publici iuris factis auxit.

D. Wyttenbach, Moralium vol. iv.1, Oxonii.
1797, pp. 429-511 (editionis in quarto pp. 289-342)
multa optime e codicibus, e marginalibus ineditis,
e suo ingenio emendauit. de hac editione vide lau-
dem a M. Pohlenzio iure prolatam (ed. Moralium

XII

PRAEFATIO

Brunck, R.F.P. *Analecta veterum poetarum Graecorum* i (1772) 133.

Chatzidakis, G.N. *'Aθηνᾶ* xiii (1901) 417-714 passim (v. indicem voluminis).

Cobet, C.G. *Collectanea critica* (1878) 528-537.

Cuvigny, M. *Revue d'Histoire des Textes* iii (1973) 57-77.

Diehl, E. *Anthologia lyrica Graeca* ii (1925).

Diller, A. *Scriptorium* viii(1954) 123-127.

id. *ib.* x (1956) 27-41.

Dübner, F. v. ed. 1841.

Emperius, A. *Opuscula philologica et historica* (1847) 338.

Flacelière, R. *REG* lxv (1952) 351-362.

id. ed. Amatorii Plutarchi (1952) 34-38.

Fletcher, G.B.A. *CP* xxvi (1931) 426 sq.

Hansen, P.A. *JHS* lxxxviii (1968) 179-181.

id. *Université de Copenhague. Cahiers de l'Institut du Moyen-Âge Grec et Latin* ii (1969) 1-25.

id. *ib.* xii (1974) 1-10.

Herwerden, H. van, *Plutarchea et Lucianea* (1877) 32 sq.

id. *Mnemos* n.s. xxii (1894) 335 sq.

id. *ib.* n.s. xxxvii (1909) 212.

Hiller, E. *Anthologia lyrica* (1890) Simon. fr. 68 cum p. xvii.

Holzapfel, L. *Philologus* xlii (1884) 23-53.

Honorius, J. v. margin.

Hubert, K. *RhMus* lxxxxiii (1950) 330-336.

id. *Gnomon* xxv (1953) 556 sq.

Hude, C. *Nordisk tidsskrift for filologi* 3 s. xiii (1904/05) 96.

Hutten, J.G. v. ed. 1800.

Jacobs, F. *Anthologia Graeca* iii (1817) 913.

I(mmisch), O. *Literarisches Centralblatt* 1896 col. 1706.

Kaltwasser, J.F.S. v. vers.

XV

Kronenberg, A.J. *Mnemos* n.s. lii (1924) 94 sq.

id. *ib.* 3 s. x (1942) 40 sq.

Lahmeyer, G. *De libelli Plutarchi, qui De Malignitate Herodoti inscribitur, et auctoritate et auctore* (1848).

Lascaris, J. v. margin.

Leonicus, N. v. margin.

Madvig, J.N. *Adversaria critica* i (1871) 663 sq.

Manton, G.R. *CQ* xxxxiii (1949) 97-104.

Méziriac, B. in editione Wyttenbachii; cuius praefationis cf. pp. cxxiii-cxxvi.

Muret, M.A. v. margin.

Naber, S.A. *Mnemos* n.s. xxviii (1900) 350 sq.

Pearson, L. v. ed. 1965.

id. *AJP* lxxx (1959) 255-275.

Peppmüller, R. *BPhW* xvii (1897) 521 sq.

id. *ib.* xxi (1901) 676-678.

Pletho, Gemistius, excerpta a Hansenio *1974* publici iuris facta. v. etiam praefationem supra.

Preger, T. *Inscriptiones Graecae ex scriptoribus praeter Anthologiam collectae* (1891) n. 68.

Reiske, J.J. v. ed. 1778.

id. *Animadversionum ad Graecos auctores* vol. sec. (1759) 514-529.

Rühl, F. *RhMus* lxvii (1912) 163-167.

Russell, D.A. *CR* n.s. xvi (1966) 181.

Salmasius (Saumaise), C. in editionibus Reiskiana et Wyttenbachiana; cf. p. cxxvii praefationis Wyttenbachii.

Schneidewin, F.G. *Simonidis carminum reliquiae* (1835) n. 59.

Schwarz, E. *RE* i.2 col. 2353.

Spang-Hanssen, E. Commentarius ineditus ad capp. 1-10 et 34-43 libelli, anno 1905 conscriptus, quem J.E. Skydsgaard mihi benigne commodauit.

Stephanus (Estienne), H. v. ed. 1572.

Treu, M. *Zur Geschichte der Überlieferung von Plutarchs*

PRAEFATIO

Moralia ii (Progr. Gymn. Olauiae 1881).
Turnebus (Turnèbe), A. v. margin.
Turyn, A. *Dated Greek Manuscripts of the Thirteenth and Fourteenth Centuries in the Libraries of Italy* i (1972) 185.
Ursinus, F. *Carmina novem illustrium feminarum* ... (1568) 160.
Valckenaer, L.C. in Wesselingii editione Herodoti (1763).
Wechel, A. v. ed. 1599.
Wesseling, P. in editione Herodoti (1763).
West, M.L. *Iambi et elegi Graeci* ii (1972) 116.
Wilamowitz-Moellendorff, U.v. *Commentariolum grammaticum IV* (Ind. schol. hib. Gottingae 1889) 3-7 = Kleine Schriften iv (1962) 660-666.
id. *NGG* 1897 pp. 306-313 = *Sappho und Simonides* (1913) 192-199.
Wilson, N. *GRBS* xvi (1975) 95-97.
Wyttenbach, D. v. ed. 1797.
Xylander, G. v. ed. 1574 et vers.
Ziegler, K. *RE* xxi.1 coll. 636-962.

Restat ut gratias maximas agam viris doctis D.A. Russellio Oxoniensi, M.D. Reevio Oxoniensi, J.C. Christensenio Hafniensi, F. Saaby Pedersenio Hafniensi, O.L. Smithio Arhusiensi, N.I. Boserupio Hafniensi qui multos errores sustulerunt et J.E. Skydsgaardio Hafniensi qui commentarium Spang-Hanssenii mihi commodauit.

PRAEFATIO

GP   J.D. Denniston, *The Greek Particles* ² (1954).

HW   W.W. How et J. Wells, *A Commentary on Herodotus* i-ii (1912 = ²1928).

KB   R. Kühner et F. Blass, *Ausführliche Grammatik der griechischen Sprache, Elementar- und Formenlehre* i-ii (1890, 1892).

KG   R. Kühner et B. Gerth, *Ausführliche Grammatik der griechischen Sprache, Satzlehre* i-ii (1898, 1904).

LSJ   H.G. Liddell, R. Scott, H.S. Jones, *A Greek-English Lexicon* (1925-1940).

ML   R. Meiggs et D. Lewis, *A Selection of Greek Historical Inscriptions to the End of the Fifth Century B.C.* (1969).

PB   W. Pape et G.E. Benseler, *Wörterbuch der griechischen Eigennamen* i-ii (1863-1870).

RE   *Paulys Realencyclopädie der classischen Altertumswissenschaft* (1894-).

PGL   G.W.H. Lampe, *A Patristic Greek Lexicon* (1961-1968).

Thumb   A. Thumb, E. Kieckers, A. Scherer, *Handbuch der griechischen Dialecte* i-ii (1932, 1959).

Veitch   W. Veitch, *Greek Verbs Irregular and Defective* (new ed. 1887).

Reliqua in LSJ et *l'Année Philologique* inuenies.

[ ]	inserenda, lacuna in codicibus indicata.
⟨ ⟩	inserenda, nulla lacuna indicata, vel pro literis in codd. exstantibus substituenda.
{ }	delenda.
/	incipit pagina vel paginae pars editionis Wechelianae.
†	locus nondum sanatus.

ΠΛΟΥΤΑΡΧΟΥ

ΠΕΡΙ ΤΗΣ ΗΡΩΔΟΤΟΥ ΚΑΚΟΗΘΕΙΑΣ

Ed.
Wechel.
1599
vol. ii
p.854 E

1. Τοῦ Ἡροδότου [τοῦ Ἁλικαρνασσέως] πολ-
λοὺς μέν, ὦ Ἀλέξανδρε, καὶ ἡ λέξις ὡς ἀφελὴς
καὶ δίχα πόνου καὶ ῥᾳδίως ἐπιτρέχουσα τοῖς
πράγμασιν ἐξηπάτηκε· πλείονες δὲ τοῦτο πρὸς
5 τὸ ἦθος αὐτοῦ πεπόνθασιν. οὐ γὰρ μόνον, ὥς
φησιν ὁ Πλάτων (Rp. 2. 361a), τῆς ἐσχάτης ἀδι-
κίας μὴ ὄντα δοκεῖν εἶναι δίκαιον, ἀλλὰ καὶ
κακοηθείας ἄκρας ἔργον εὐκολίαν μιμούμενον καὶ
ἁπλότητα δυσφώρατον εἶναι. [...] μάλιστα πρός
10 τε / Βοιωτοὺς καὶ Κορινθίους κέχρηται μηδὲ F
τῶν ἄλλων τινὸς ἀπεσχημένος, οἶμαι προσήκειν

5-6 cf. *Mor.* 50e, 613f

1. τοῦ Ἁλικαρνασσέως Plut., exordio ipsius Herodoti usus,
scripsisse videtur: τοῦ ἱστορικοῦ vel λογογράφου Tu. fere (etiam
apud Wechelium): lac. 11-13 litt. EB; transpositio a Pe.,
qui cum Xy. aliisque nihil deesse putat, proposita (cf. Pe.
1959 272-275) non probanda   9 δυσφώρατον E: δυσ-
φορώτατον B   lac. 4 versuum E, 3 ½ B: ὅπερ φιλεῖ
ποιεῖν ἐν τοῖς μάλιστα ὁ Ἡρόδοτος, τοῖς μὲν αἰσχίστῃ τῇ κολακίᾳ
χαριζόμενος, τοὺς δὲ διαβάλλων καὶ συκοφαντῶν. νῦν δ' ὡς
οὐδεὶς τετόλμηκεν αὐτοῦ τὴν ψευδολογίαν ἐξελέγχειν, ᾗ Pe.
(cf. l.c.) exempli gratia, sensui spatioque aptum

(854) ἡμῖν, ἀμυνομένοις ὑπὲρ τῶν προγόνων ἅμα καὶ
τῆς ἀληθείας κατ' αὐτὸ τοῦτο τῆς γραφῆς τὸ
μέρος· ἐπεὶ τά γ' ἄλλα ψεύσματα καὶ πλάσματα
βουλομένοις ἐπεξιέναι πολλῶν ἂν β<υ>βλίων δεή-
σειεν. ἀλλὰ   5

δεινὸν τὸ τᾶς Πειθοῦς πρόσωπον,
ὥς φησιν ὁ Σοφοκλῆς (fr. 781 Nauck = 865
855 Pearson), | μάλιστα δ' ὅταν ἐν λόγῳ χάριν
ἔχοντι καὶ δύναμιν τοσαύτην ἐγγένηται τάς τ'
ἄλλας ἀτοπίας καὶ τὸ ἦθος ἀποκρύπτειν τοῦ   10
συγγραφέως. ὁ μὲν γὰρ Φίλιππος ἔλεγε πρὸς
τοὺς ἀφισταμένους Ἕλληνας αὐτοῦ καὶ τῷ Τίτῳ
προστιθεμένους ὅτι λειότερον μὲν μακρότερον δὲ
κλοιὸν μεταλαμβάνουσιν· ἡ δ' Ἡροδότου κακο-
ήθεια λειοτέρα μέν ἐστιν ἀμέλει καὶ μαλακωτέρα   15
τῆς Θεοπόμπου, καθάπτεται δὲ καὶ λυπεῖ μᾶλ-
λον ὥσπερ οἱ κρύφα διὰ στενοῦ παραπνέοντες
ἄνεμοι τῶν διακεχυμένων.

Δοκεῖ δή μοι βέλτιον εἶναι τύπῳ τινὶ λαβόντας
ὅσα κοινῇ μὴ καθαρᾶς μηδ' εὐμενοῦς ἐστιν ἀλλὰ   20
B κα/κοήθους οἷον ἴχνη καὶ γνωρίσματα διηγήσεως,
εἰς ταῦτα τῶν ἐξεταζομένων ἕκαστον ἂν ἐναρ-
μόττῃ τίθεσθαι.

2. Πρῶτον μὲν οὖν ὁ τοῖς δυσχερεστάτοις ὀνό-
μασι καὶ ῥήμασιν, ἐπιεικεστέρων παρόντων, ἐν   25
τῷ λέγειν τὰ πεπραγμένα χρώμενος — ὥσπερ εἰ

11-14 cf. *Flam.* 10.2   16 de malignitate Theopompi cf.
Lys. 30.2 et locos *FGrH* 115 test. 25 laudatos

4 βυβλίων scripsi: βιβλίων EB; cf. ad 859b   19 δή E: δέ′^η
B: δέ editores, Al. secuti; sed cf. *GP* 236-240

θειασμῷ προσκείμενον ἄγαν ἐξὸν εἰπεῖν τὸν (855)
Νικίαν (Thuc. 7.50.4) ὁ δὲ θεόληπτον προσεί-
ποι, ἢ θρασύτητα καὶ μανίαν Κλέωνος μᾶλ-
λον ἢ κουφολογίαν (Thuc. 4.28.5) — οὐκ εὐμε-
5 νής ἐστιν, ἀλλ' οἷον ἀπολαύων τῷ σ‹α›φῶς διη-
γεῖσθαι τοῦ πράγματος.

3. Δεύτερον, ὅτῳ κακὸν πρόσεστιν ἄλλως τῇ
δ' ἱστορίᾳ μὴ προσῆκον, ὁ δὲ συγγραφεὺς ἐπιδράτ-
τεται τούτου καὶ παρεμβάλ/λει τοῖς πράγμασιν C
10 οὐδὲν δεομένοις, ἀλλὰ τὴν διήγησιν ἐπεξάγων καὶ
κυκλούμενος ὅπως ἐμπεριλάβῃ τινὸς ἀτύχημ' ἢ
πρᾶξιν καὶ οὐ χρηστήν, δῆλός ἐστιν ἡδόμενος τῷ
κακολογεῖν. ὅθεν ὁ Θουκυδίδης οὐδὲ τῶν Κλέωνος
ἁμαρτημάτων ἀφθόνων ὄντων ἐποιήσατο σαφῆ
15 διήγησιν, Ὑπερβόλου τε τοῦ δημαγωγοῦ θιγὼν
ἐν‹ὶ› ῥήματι καὶ μοχθηρὸν ἄνθρωπον προσειπὼν
ἀφῆκε (8.73.3). Φίλιστο‹ς› δὲ καὶ Διονυσίου
τῶν πρὸς τοὺς βαρβάρους ἀδικιῶν ὅσαι μὴ συνε-
πλέκοντο τοῖς Ἑλληνικοῖς πράγμασιν ἁπάσας
20 παρέλιπεν· αἱ γὰρ ἐκβολαὶ καὶ παρατροπαὶ τῆς
ἱστορίας μάλιστα τοῖς μύ/θοις δίδονται καὶ ταῖς D
ἀρχαιολογίαις, ἔτι δὲ πρὸς τοὺς ἐπαίνους, ὁ δὲ
παρενθήκην λόγου τὸ βλασφημεῖν καὶ ψέγειν

1-2 cf. *Ni.* 4.1   17-20 cf. Paus. 1.13.9 et Marcel-
lin. *Vit. Thuc.* 27 = *FGrH* 556 testt. 13a et c

5 σαφῶς Be. *1879* (cf. σαφῆ διήγησιν 855c) : σοφῶς EB ;
cf. etiam Pe. *1959* 270 sq.   11 τινὸς ἀτύχημ' Benseler, hiatus
causa (cf. Zieglerum col. 933) : ἀτύχημά τινος EB   15
διήγησιν E : τὴν διήγησιν B   θιγὼν Du. : θίγων B : θήγων E ;
cf. Hansenium *1969* 8 not. 25a   16 ἐνὶ Xy. (cf. e.g.
867f) : ἐν EB   17 Φίλιστος Fr. : Φιλίστου EB   22 πρὸς
τοὺς ἐπαίνους] variatio sermonis pro dativo ; cf. ἐκείνη... πρὸς
ἄνδρα ἐδόθη D. Chrysost. 7.68 ; cf. etiam Fletcherum

3

(855) ποιούμενος ἔοικεν εἰς τὴν τραγικὴν ἐμπίπτειν
κατάραν
    θνητῶν ἐκλέγων τὰς συμφοράς (fr. adesp.
        388 Nauck).

4. Καὶ μὴν τό γ' ἀντίστροφον τούτῳ, παντὶ 5
δῆλον ὡς καλοῦ τινος κἀγαθοῦ παράλειψίς ἐστιν,
ἀνυπεύθυνον δοκοῦν πρᾶγμ' εἶναι, γινόμενον δὲ
κακοήθως ἄνπερ ἐμπίπτῃ τὸ παραλειφθὲν εἰς
τόπον προσήκοντα τῇ ἱστορίᾳ· τὸ γὰρ ἀπροθύ-
μως ἐπαινεῖν τοῦ ψέγοντα χαίρειν οὐκ ἐπιεικέστε- 10
ρον, ἀλλὰ πρὸς τῷ μὴ ἐπιεικέστερον ἴσως καὶ
χεῖρον.

5. Τέταρτον τοίνυν τίθεμαι σημεῖον οὐκ εὐ-|
E μενοῦς ἐν ἱστορίᾳ τρόπου τὸ δυοῖν ἢ πλειόνων
περὶ ταὐτοῦ λόγων ὄντων τῷ χείρονι προστί- 15
θεσθαι. τοῖς γὰρ σοφισταῖς ἐφεῖται πρὸς ἐργα-
σίαν ἢ δόξαν ἔστιν ὅτε τῶν λόγων κοσμεῖν τὸν
ἥττονα παραλαμβάνοντας· οὐ γὰρ ἐμποιοῦσι
πίστιν ἰσχυρὰν περὶ τοῦ πράγματος οὐδ' ἀρνοῦν-
ται πολλάκις εἰς τὸ παράδοξον ἐπιχ⟨ε⟩ιρεῖν ὑπὲρ 20
τῶν ἀπίστων. ὁ δ' ἱστορίαν γράφων ἃ μὲν οἶδεν
ἀληθῆ λέγων δίκαιός ἐστι, τῶν δ' ἀδήλων τὰ
βελτίονα δοκεῖν ἀληθῶς λέγεσθαι μᾶλλον ἢ τὰ
χείρονα. πολλοὶ δ' ὅλως τὰ χείρονα παραλείπου-

3 versus integer (ὄλοιο θνητῶν κ.τ.λ.) *Mor.* 520a et Luc.
Lex. 17 exstat

14 δυοῖν] δυεῖν Be., sed cf. e.g. *Mor.* 198c, 1081d; Plut.
utraque forma usus esse videtur   18 παραλαμβάνοντας]
παραλαβόντας Russell   20 ἐπιχειρεῖν Le., St.: ἐπιχαίρειν
EB   22 λέγων] λέγειν Re., falso; post χείρονα subau-
diendum λέγων δίκαιός ἐστιν; cf. Pe. *1959* 269 sq.

4

σιν· ὥσπερ ἀμέλει περὶ Θεμιστοκλέους "Εφο- (855)
ρος μέν, εἰπὼν ὅτι τὴν Παυσανίου προδοσίαν {ἀν}-
ἔγνω / κεὶ τὰ πρασσόμενα πρὸς τοὺς βασιλέως F
στρατηγούς, ἀλλ᾽ οὐκ ἐπείσθη, φησίν (FGrH 70
5 fr. 189), οὐδὲ προσεδέξατο κοινουμένου καὶ
παρακαλοῦντος αὐτὸν ἐπὶ τὰς ἐλπίδας· Θουκυ-
δίδης δὲ καὶ τὸ παράπαν τὸν λόγον τοῦτον ὡς
κατεγνωκὼς παρῆκεν.

6. "Ε<τ>ι τοίνυν ἐπὶ τῶν ὁμολογουμένων πε-
10 πρᾶχθαι, τὴν δ᾽ αἰτίαν ἀφ᾽ ἧς πέπρακται καὶ τὴν
διάνοιαν ἐχόντων ἄδηλον, ὁ πρὸς τὸ χεῖρον εἰκά-
ζων δυσμενής ἐστι καὶ κακοήθης· ὥσπερ οἱ κω-
μικοὶ τὸν πόλεμον ὑπὸ τοῦ Περικλέους ἐκκε-
καῦσθαι δι᾽ Ἀσπα/σίαν (Aristoph. Ach. 524 sqq.) 856
15 ἢ διὰ Φειδίαν (id. Pa. 605 sqq.) ἀποφαίνοντες, οὐ
φιλοτιμίᾳ τινὶ καὶ φιλον{ε}ικίᾳ μᾶλλον {ἱ}στο-
ρ<έ>σαι τὸ φρόνημα Πελοποννησίων καὶ μη-
δενὸς ὑφεῖσθαι Λακεδαιμονί<οις> ἐθελήσαντος.
εἰ μὲν γάρ τ{ο}ις εὐδοκιμοῦσιν ἔργοις καὶ πράγ-
20 μασιν ἐπαινουμένοις αἰτίαν φαύλην ὑποτίθησι
καὶ κατάγεται ταῖς διαβολαῖς εἰς ὑποψίας ἀτό-

1-6 cf. Them. 23.2-3, Diod. Sic. 11.54.4   14 δι᾽
Ἀσπασίαν] cf. Per. 30.4, Ath. 13.570a, Harp. s.v. Ἀσπα-
σία = FGrH 76 fr. 65   15 διὰ Φειδίαν] cf. Per. 31.2-32,
Diod. Sic. 12.39.3 = FGrH 70 (Ephor.) fr. 196, Aristodem.
FGrH 104 fr. 16.1, schol. Aristoph. Pa. 605 = FGrH 328
fr. 121   14-18 cf. Per 31.1

3 ἔγνω Wy.: ἀνέγνω EB e dittographia   6 τὰς] τὰς
αὐτὰς Re., vix recte   9 ἔτι Xy. in versione, Wy.: εἰ
EB   16 φιλονικίᾳ Hude: φιλονεικίᾳ EB (cf. 863e); cf. LSJ
s.v. φιλόνικος   16-17 στορέσαι Tu., Wy. (cf. Thuc.
6.18.4): ἱστορῆσαι EB   18 Λακεδαιμονίοις Madvig, qui
autem vocem ut glossam Πελοποννησίων adscriptam delen-
dam censuit : Λακεδαιμονίων EB   19 τις Wy.: τοῖς EB

(856) πους περὶ τῆς ἐν ἀφανεῖ προαιρέσεως τοῦ πρά-
ξαντος αὐτὸ{υ} τὸ πεπραγμένον ἐμφανῶς οὐ δυ-
νάμενος ψέγειν — ὥσπερ οἱ τὸν ὑπὸ Θήβ‹η›s
'Αλεξάνδρου τοῦ τυράννου φόνον οὐ μεγαλονοίας
οὐδὲ μισοπονηρίας, ζήλου δέ τινος ἔργον καὶ πά- 5
θους γυναικείου τιθέμενοι, καὶ Κάτωνα λέγον-
B τες / ἑαυτὸν ἀνελεῖν δείσαντα τὸν μετ' αἰκίας
θάνατον ὑπὸ Καίσαρος —, εὔδηλον ὅτι φθόνου
καὶ κακοηθείας ὑπερβολὴν οὐ λέλοιπε.

7. Δέχεται δὲ καὶ παρὰ τὸν τρόπον τοῦ ἔργου 10
διήγησις ἱστορικὴ κακοήθειαν ἂν χρήμασι φάσκῃ
μὴ δι' ἀρετῆς κατειργάσθαι τὴν πρᾶξιν, ὡς Φί-
λιππον ἔνιοι φάσκουσιν· ἂν σὺν οὐδενὶ πόνῳ καὶ
ῥαδίως, ὡς 'Αλέξανδρον· ἂν μὴ φρονίμως ἀλλ'
εὐτυχῶς, ὡς Τιμόθεον οἱ ἐχθροί, γράφοντες ‹ἐν› 15
πίναξιν εἰς κύρτον τινὰ τὰς πόλεις αὐτάς, ἐκεί-
νου καθεύδοντος, ὑποδυομένας. δῆλον γὰρ ὅτι
τῶν πράξεων ἐλαττοῦσι τὸ μέγεθος καὶ τὸ κάλ-
λος οἱ τὸ γενναίως καὶ φιλοπόνως καὶ κατ' ἀρε-
C τὴν καὶ / δι' αὐτῶν ἀφαιροῦντες. 20

8. Ἔ‹σ›τι τοίνυν τοῖς ἀπ' εὐθείας οὔ‹s›

3-6 cf. *Pel.* 28.5-10, 35.4-12, *Mor.* 256a, 768f, Xen. *HG*
6.4.35-37, Diod. Sic. 16.14.1, Cic. *Off.* 2.7.25; Val. Max.
9.13 ext. 3   6-8 cf. *Cat. Mi.* 66.1-2   11-13 cf. *Aem.* 12.
10, *Mor.* 178a-b, Diod. Sic. 16.54.3, Cic. *Att.* 1.16.12, Hor.
Carm. 3.16.13-15, Val. Max. 7.2 ext. 10   13-14 cf.
locos ad *Mor.* 326d in ed. Teubn. (1935) laudatos   14-17 cf.
Mor. 187b-c, *Sull.* 6.5, *schol.* Aristoph. *Pl.* 180, Ael. *VH*
13.43

1 τῆς B : τ͂ + ras. 2 litt. E   2 αὐτὸ Re. : αὐτοῦ EB
3 Θήβης Xy.: Θήβας EB   10 δὲ E: om. B   15 ἐν
add. Re.; cf. *Sull.* 6.5   21 ἔστι...οὖς Mu., Me.:
ἔτι...οὐ EB

βούλονται κακῶς λέγουσι δυσκολίαν ἐπικαλεῖν καὶ (856)
θρασύτητα καὶ μανίαν ἐὰν μὴ μετριάζωσιν· οἱ δὲ
πλαγίως οἷον ἐξ ἀφανοῦς βέλεσι χρώμενοι ταῖς
διαβολαῖς, εἶτα περιιόντες ὀπίσω καὶ ἀναδυόμε-
5 νοι τῷ φάσκειν ἀπιστεῖν ἃ πάνυ πιστεύεσθαι θέ-
λουσιν, ἀρνούμενοι κακοήθειαν ἀνελευθερίαν τῇ
κακοηθείᾳ προσοφλισκάνουσιν.

9. Ἐγγὺς δὲ τούτων εἰσὶν οἱ τοῖς ψόγοις ἐ-
παίνους τινὰς παρατιθέντες, ὡς ἐπὶ Σωκράτους
10 Ἀριστόξενος (fr. 55 Wehrli), ἀπαίδευτον καὶ ἀμα-
θῆ καὶ ἀκόλαστον εἰπών, ἐπήνεγκεν· ἀδικία δ'
οὐ προσῆν. ὥσπερ γὰρ οἱ σύν τι/νι τέχνῃ καὶ δει- D
νότητι κολακεύοντες ἔστιν ὅτε πολλοῖς καὶ μα-
κροῖς ἐπαίνοις ψόγους παραμιγνύουσιν ἐλαφρούς,
15 οἷον ἥδυσμα τῇ κολακείᾳ τὴν παρρησίαν ἐμβάλ-
λοντες, οὕτως τὸ κακόηθες εἰς πίστιν ὧν ψέγει
προαποτίθεται τὸν ἔπαινον.

10. Ἦν δὲ καὶ πλείονας καταριθμεῖσθαι τῶν
χαρακτήρων· ἀρκοῦσι δ' οὗτοι κατανόησιν τἀν-
20 θρώπου τῆς προαιρέσεως καὶ τοῦ τρόπου παρα-
σχεῖν.

11. Πρῶτα δὴ πάντων ὥσπερ ἀφ' ἑστίας
ἀρξάμενος Ἰοῦς τῆς Ἰνάχου θυγατρός, ἣν πάν-
τες Ἕλληνες ἐκτεθειῶσθαι νομίζουσι ταῖς τιμαῖς
25 ὑπὸ τῶν βαρβάρων καὶ καταλιπεῖν ὄνομα πολλαῖς
μὲν θαλάτταις, πορθμῶν δὲ τοῖς / μεγίστοις ἀφ' E

8-17 cf. Mor. 51c-d

17 προαποτίθεται] προϋποτίθεται Abresch; sed cf. Mor. 686d
(τὰ...φιλοσοφηθέντα ... εἰς γραφὴν ἀπετίθεντο) et LSJ et
PGL s.v. προαποτίθημι

7

(856) αὐτῆς διὰ τὴν δόξαν, ἀρχὴν δὲ καὶ πηγὴν τῶν
ἐπιφανεστάτων καὶ βασιλικωτάτων γενῶν παρα-
σχεῖν· ταύτην ὁ γενναῖος ἐπιδοῦναί φησιν ἑαυτὴν
Φοίνιξι φορτηγοῖς, ὑπὸ τοῦ ναυκλήρου διαφθα-
ρεῖσαν ἑκουσίως καὶ φοβουμένην μὴ κύουσα φα-   5
νερὰ γένηται (1. 5. 2) καὶ καταψεύδεται Φοι-
νίκων ὡς ταῦτα περὶ αὐτῆς λεγόντων· Περσῶν
δὲ τοὺς λογ‹ί›ους μαρτυρεῖν φήσας ὅτι [τὴν Ἰοῦν]
μετ᾽ ἄλλων γυναικῶν οἱ Φοίνικες ἀφαρπάσειαν
(1. 1), εὐθὺς ἀποφαίνεται γνώμην τὸ κάλλιστον   10
ἔργον καὶ μέγιστον τῆς Ἑλλάδος ἀβελτ‹ε›ρίᾳ
τὸν Τρωικὸν πόλεμον γενέσθαι διὰ γυναῖκα φαύ- |
F   λην. δῆλον γάρ, φησίν, ὅτι, εἰ μὴ αὐταὶ ἐβούλον-
το, οὐκ ἂν ἡρπάζοντο (1. 3. 2 - 4. 2). καὶ τοὺς
θεοὺς τοίνυν ἀβέλτερα ποιεῖν λέγ‹ω›μεν ὑπὲρ   15
τῶν Λεύκτρου θυγατέρων βιασθεισῶν μηνίοντας
Λακεδαιμονίοις καὶ κολάζοντας Αἴαντα διὰ τὴν
Κασάνδρας ὕβριν· δῆλα γὰρ δὴ καθ᾽ Ἡρόδοτον
ὅτι, εἰ μὴ αὐταὶ ἐβουλέατο, οὐκ ἂν ὑβρίζοντο.
καίτοι καὶ Ἀριστο‹μ›ένη φησὶν αὐτὸς ὑπὸ Λα-   20

14-18 cf. *Pel.* 20.5-22.4, *Mor.* 773b-774d, Paus. 9.13.5-6,
Xen. *HG* 6.4.7. Diod. Sic. solus Leuctri mentionem facit
(...τοῦ Λεύκτρου καὶ Σκεδάσου θυγατέρων κ.τ.λ. 15.54.2),
cum alibi nomen homini Scedasus sit   20 lapsus
calami Plutarchei subest, cum Hdt. nullo loco mentionem
Aristomenis (aut Aristogenis cuiusdam ignoti; v. app.) faciat

7 αὐτῆς E: αὐτὴν B   8 λογίους Tu., Wy., ex
Hdt.: λόγους EB   τὴν Ἰοῦν St. ex Hdt.: lac. 8
litt. EB   11 ἀβελτερίᾳ Be.: ἀβελτηρίᾳ EB   13 et
19 αὐταὶ Xy. in versione, Du., ut plerique Herodoti codd.:
αὗται EB, ut Herodoti codd. RSVb   15 λέγωμεν Xy.
in versione, St.: λέγομεν E (cf. Hansenium 1968 180) B
19 ἐβουλέατο B, ut codd. Herodoti: ἐβουλεύετο Al.: ἐβου-
λεύοντο E; cf. Hansenium 1969 2   20 Ἀριστομένη Lc.
(etiam apud Wy.), Fr.: Ἀριστογένη EB

κεδαιμονίων ζῶντα συναρπασθῆναι, καὶ Φιλο- (856)
ποίμην ὕστερον ὁ τῶν Ἀχαιῶν στρατηγὸς ταὐτὸ
τοῦτ' ἔπαθε, / καὶ Ῥηγοῦλον ἐχειρώσαντο 857
Καρχηδόνιοι τὸν Ῥωμαίων ὕπατον· ὧν ἔργον
5 εὑρεῖν μαχιμωτέρους καὶ πολεμικωτέρους ἄν-
δρας. ἀλλὰ θαυμάζειν οὐκ ἄξιον, ὅπου καὶ παρδά-
λεις ζώσας καὶ τίγρεις συναρπάζουσιν ἄνθρωποι·
Ἡρόδοτος δὲ κατηγορεῖ τῶν βιασθεισῶν γυναι-
κῶν, ἀπολογούμενος ὑπὲρ τῶν ἁρπασάντων.

10   12. Οὕτω δὲ φιλοβάρβαρός ἐστιν ὥστε Βούσι-
ριν ἀπολύσας τῆς λεγομένης ἀνθρωποθυσίας καὶ
ξενοκτονίας (2. 45. 1 - 3), καὶ πᾶσιν Αἰγυπτίοις
θειότητα πολλὴν καὶ δικαιοσύνην μαρτυρήσας, ἐφ'
Ἕλληνας ἀναστρέφει τὸ μύσος τοῦτο καὶ τὴν μι-
15 αιφονίαν. ἐν γὰρ τῇ δευτέρᾳ β<ύ>βλῳ Μενέλαόν
φησι (2.119) πα/ρὰ Πρωτέως ἀπολαβόντα τὴν B
Ἑλένην καὶ τιμηθέντα δωρεαῖς μεγάλαις ἀδικώ-
τατον ἀνθρώπων γενέσθαι καὶ κάκιστον· ὑπὸ γὰρ
ἀπλοίας συνεχόμενον ἐπιτεχνήσασθαι πρᾶγμα οὐχ
20 ὅσιον, καὶ λαβόντα δύο παιδία ἀνδρῶν ἐπιχωρί-
ων ἔντομά σ[φεα] ποιῆσαι· μισηθέντα δ' ἐπὶ τούτῳ
καὶ διωκόμενον οἴχεσθαι φεύγοντα νηυσὶν ἰθὺ

1-3 cf. Phil. 18-20   10-12 cf. Thes. 11.2

4 τὸν] sic in utroque cod. legitur, pace Be. et Pe.   13 θει-
ότητα] ὁσιότητα Cobet, vix recte; cf. Sull. 6.13 et Isoc.
11.26   14 μύσος B: μῖσος E   15 βύβλῳ scripsi: βίβλῳ
EB; cf. ad 859b   21 ἔντομά σφεα Du. ex Hdt. (cf. Re.,
et Wesselingium ad Hdt. 2.119): ἐντομάς + lac. 4 litt. E:
ἐντομὰς + lac. 7 litt. B   22 νηυσὶν ἰθὺ B: νηυσὶ νήειν
(sic) E. hyperherodotismo ἰθὺ ἐπὶ pro Herodoti ἐπὶ (sic codd.)
Plut. usus est; ἰθὺς ἐπὶ Hdt. 5.64.2 exstat; v. etiam Hansenium
1968 180 et 1969 3 sq. emendatio a Pe. 1959 264 (cf. Kronen-
bergium 1924) proposita nequaquam fidem facit

9

(857) ἐπὶ Λιβύης. τοῦτον δὲ τὸν λόγον οὐκ οἶδ' ὅστις
Αἰγυπτίων εἴρηκεν· ἀλλὰ τἀναντία πολλαὶ μὲν
Ἑλένης πολλαὶ δὲ Μενελάου τιμαὶ διαφυλάτ-
τονται παρ' αὐτοῖς.

13. Ὁ δὲ συγγραφεὺς ἐπιμένων Πέρσας μέν 5
φησι <παισὶ> μίσγεσθαι παρ' Ἑλλήνων μαθόντας
C (1.135). καίτοι πῶς | Ἕλλησι Πέρσαι διδασκά-
λια ταύτης ὀφείλουσι τῆς ἀκολασίας, παρ' οἷς
ὀλίγου δεῖν ὑπὸ πάντων ὁμολογεῖ<τ>αι παῖδας
ἐκτετμῆσθαι πρὶν Ἑλληνικὴν ἰδεῖν θάλασσαν; 10
Ἕλληνας δὲ μαθεῖν παρ' Αἰγυπτίων πομπὰς καὶ
πανηγύρεις (2.58), καὶ τὸ{υ} τοὺς δώδεκα θεοὺς
σέβεσθαι (2.4.2)· Διονύσου δὲ καὶ τοὔνομα
παρ' Αἰγυπτίων Μελάμποδα μαθεῖν καὶ διδά-
ξαι τοὺς ἄλλους Ἕλληνας (2.49)· μυστήρια δὲ 15
καὶ τὰς περὶ Δήμητραν τελετὰς ὑπὸ τῶν Δαναοῦ
θυγατέρων ἐξ Αἰγύπτου κομισθῆναι (2.171). καὶ
τύπτεσθαι μὲν Αἰγυπτίους φησὶ καὶ πενθεῖν,
[ὃν δ'], οὐ βούλεσθαι αὐτὸ{υ}ς ὀνομάζειν, ἀλλ'
εὐστόμως κεῖσθαι περὶ τῶν θείων (2.61.1). 20
D Ἡ|ρακλέα δὲ καὶ Διόνυσον οὓς μὲν Αἰγύπτιοι

6 παισὶ add. Fr. ex Hdt.   μίσγεσθαι B: μίγεσθαι E

8 ταύτης E: ταύ̇της B   9 ὁμολογεῖται
Fr.: ὁμολογεῖσθαι EB; duo exempla Plutarchea eiusdem erroris
Madvig Adv. crit.i (1871) 26 not. 1 profert   12 τὸ τοὺς
Kronenberg 1942: τοὺς Donatus Polus in Aldina Fulvii
Ursini, Re.: τούτους EB   16 Δήμητραν] etiam Mor.
367c, 857c, 942d, 994a, 1119e, Eum. 6.9-11 (ter) exstat;
cf. Hansenium 1968 180   19 ὃν δ' vel ὃν δὲ θεὸν Pe.: οὓς
δ' Re.: τίνας δ' Du.: τίνα δ' Lahmeyer 91: τὸν δὲ τύπτον-
ται Hdt.: lac. ca. 6 litt. EB, in utroque cod. in fine ver-
sus   αὐτὸς Tu., Re.:αὐτοὺς EB   20 εὐστόμως]
εὔστομα οἱ (i.e. εὔστομ' οἱ) Madvig ex Hdt. (2.171), vix
recte; εὔστομα κείσθω sine dativo Mor. 636e legitur

‹σέβονται› ἀποφαίν‹ων ὄντας› θεούς, ‹οὖς› (857)
Ἕλληνες δ', ἀνθρώπους καταγεγηρακότας (2.
146.1), οὐδαμοῦ ταύτην προύθετο τὴν εὐλά-
βειαν. καίτοι καὶ τὸν Αἰγύπτιον Ἡρακλέα τῶν
5 δευτέρων θεῶν γενέσθαι λέγει καὶ τὸν Διόνυσον
τῶν τρίτων (2.145.1), ὡς ἀρχὴν ἐσχηκότας γενέ-
σεως καὶ οὐκ ὄντας ἀιδίους· ἀλλ' ὅμως ἐκείνους
μὲν ἀποφαίνει θεούς, τούτοις δ' ὡς φθιτοῖς καὶ
ἥρωσιν ἐναγίζειν οἴεται δεῖν ἀλλὰ μὴ θύειν ὡς
10 θεοῖς (2.44.5). ταὐτὰ καὶ περὶ Πανὸς εἴρηκε
(2.46, 145-146), ταῖς Αἰγυπτίων ἀλαζονείαις καὶ
μυθολογίαις τὰ σεμνότατα καὶ ἁγνότατα τῶν
Ἑλληνικῶν ἱερῶν ἀνατρέπων.

14. Καὶ οὐ τοῦτο δει/νόν· ἀλλ' ἀναγαγὼν εἰς Ε
15 Περσέα τὸ Ἡρακλέους γένος (6.53.1), Περσέα
μὲν Ἀσσύριον γεγονέναι λέγει κατὰ τὸν Περσῶν
λόγον (6.54)· οἱ δὲ Δωριέων, φησίν, ἡγεμόνες
φαίνοιντ' ἂν Αἰγύπτιοι ἰθαγενέες ἐόντες, καταλέ-
γοντ‹ι› τοὺς ἄνω Δανάης καὶ Ἀκρισίου πατέρας
20 (6.53). τὸν γὰρ Ἔπαφον καὶ τὴν Ἰὼ καὶ τὸν
Ἴασον καὶ τὸν Ἄργον ὅλως ἀφῆκε, φιλοτιμού-
μενος μὴ μόνον ἄλλους Ἡρακλεῖς Αἰγυπτίους
καὶ Φοίνικας ἀποφαίνειν, ἀλλὰ καὶ τοῦτον, ὃν

1 σέβονται add. Re., Madvig   ἀποφαίνων ὄντας Be.:
ἀποφαίνων εἶναι Madvig: ἀποφαινόμενος Re.: ἀποφαίνονται
EB   οὖς add. Re., Madvig   8 φθιτοῖς E:
φθιτοῖς B   9 οἴεται δεῖν E (ut postulat vocalis insequens):
δεῖν οἴεται B   14 οὐ τοῦτο δεινόν] nihil mutandum,
pace Cobeti et Be.   18-19 καταλέγοντι Me. ex Hdt.:
καταλέγοντες EB   19 ἄνω Δανάης καὶ] ἄνω ἀπὸ Δανάης
τῆς Hdt.; sed caue ipsum Plutarchum cum Me. corri-
gas   21 τὸν Ἄργον B: τὸ Ἄργος E

11

(857) αὐτὸς τρίτον γεγονέναι φησίν, εἰς βαρβάρους ἀπο-
ξενῶσαι τῆς Ἑλλάδος (2.43.2). καίτοι τῶν πα-
λαιῶν καὶ λογίων ἀνδρῶν οὐχ Ὅμηρος οὐχ Ἡσί-
F οδος οὐκ Ἀρχί/λοχος οὐ Πείσανδρος οὐ Στησί-
χορος οὐκ Ἀλκμὰν οὐ Πίνδαρος Αἰγυπτίου λό- 5
γον ἔσχον Ἡρακλέους ἢ Φοίνικος, ἀλλ᾽ ἕνα τοῦ-
τον ἴσασι πάντες Ἡρακλέα τὸν Βοιώτιον ὁμοῦ
καὶ Ἀργεῖον.

15. Καὶ μὴν τῶν ἑπτὰ σοφῶν, οὓς αὐτὸς σο-
φιστὰς προσεῖπε (1.29.1), τὸν μὲν Θάλητα Φοί- 10
νικα τῷ γένει τὸ ἀνέκαθεν ἀποφαίνεται βάρβαρον
(1.170.3)· τοῖς δὲ θεοῖς λοιδορούμενος ἐν τῷ
Σόλωνος προσωπείῳ ταῦτ᾽ εἴρηκεν· ὦ Κροῖσε,
ἐπιστάμενόν με τὸ θεῖον πᾶν ἐὸν φθονερόν τε καὶ
858 ταραχῶδες / ἐπειρωτᾷς ἀνθρωπηίων περὶ πραγ- 15
μάτων (1.32.1)· ἃ γὰρ αὐτὸς ἐφρόνει περὶ τῶν
θεῶν τῷ Σόλωνι προστριβόμενος κακοήθειαν τῇ
βλασφημίᾳ προστίθησι. Πιττακῷ τοίνυν εἰς μι-
κρὰ καὶ οὐκ ἄξια λόγου χρησάμενος (1.27.2-
5), ὃ μέγιστόν ἐστι τῶν πεπραγμένων τἀνδρὶ 20
καὶ κάλλιστον, ἐν ταῖς πράξεσι γενόμενο<ς>
παρῆκε. πολεμούντων γὰρ Ἀθηναίων καὶ Μιτυ-
ληναίων περὶ Σιγείου καὶ Φρύνωνος τοῦ στρα-

9-10 cf. Mor. 385d

5-6 λόγον ἔσχον Benseler, hiatus causa: ἔσχον λόγον
EB   13 προσωπείῳ] προσώπῳ Cobet, fortasse recte
(cf. Mor. 415c)   15 ἀνθρωπηίων περὶ (πέρι cod.) πραγμάτων
B (cf. Herodoti ἀνθρωπηίων πρηγμάτων πέρι, et v. Hanse-
nium 1969 4): ἀνθρωπήων (cum iota subscripto; v. prae-
fationis p. xi) πράγματα E   21 γενόμενος Re.: γενόμε-
νον EB   22-23 et p. 13 vs. 4 Μιτυληναίων] Μυτιλ. Be.,
sed Μιτυλ. forma a Plut. usurpata esse videtur. quamquam Μυτι

12

τηγοῦ τῶν Ἀθηναίων προ{σ}καλεσαμένου τὸν (858)
βουλόμενον εἰς μονομαχίαν, ἀπήντησεν ὁ Πιττα-
κὸς καὶ δικτύῳ περιβαλὼν τὸν ἄνδρα ῥωμαλέον
ὄντα καὶ μέγαν ἀπέκτεινε· τῶν δὲ Μιτυληναίων
5 δωρεὰς αὐτῷ | μεγάλας διδόντων, ἀκοντίσας τὸ Β
δόρυ τοῦτο μόνον τὸ χωρίον ἠξίωσεν ὅσον ἐπέσχεν
ἡ αἰχμή· καὶ καλεῖται μέχρι νῦν Πιττάκ⟨ε⟩ιον.
τί οὖν ὁ Ἡρόδοτος, κατὰ τὸν τόπον γενόμενος
τοῦτον; ἀντὶ τῆς ἀριστείας Πιττακοῦ τὴν Ἀλ-
10 καίου διηγήσατο τοῦ ποιητοῦ φυ⟨γὴ⟩ν ἐκ τῆς
μάχης, τὰ ὅπλα ῥίψαντος (5.95), τῷ τὰ μὲν
χρηστὰ μὴ γράψαι τὰ δ' αἰσχρὰ μὴ παραλιπεῖν
μαρτυρήσας τοῖς ἀπὸ μιᾶς κακίας καὶ τὸν φθό-
νον φύεσθαι καὶ τὴν ἐπιχαιρεκακίαν λέγουσι.
15 16. Μετὰ ταῦτα τοὺς Ἀλκμαιωνίδας, ἄν-
δρας γενομένους καὶ τὴν πατρίδα τῆς τυραννίδος
ἐλευθερώσαντας, εἰς αἰτίαν ἐμβαλὼν προδοσίας
δέξα|σθαί φησι τὸν Πεισίστρατον ἐκ τῆς φυγῆς C
καὶ συγκαταγαγεῖν ἐπὶ τῷ γάμῳ τῆς Μεγακλέους
20 θυγατρός· τὴν δὲ παῖδα πρὸς τὴν μητέρα φράσαι

semper in nummis legitur, Μιτυλήνη in titulo iam ca. a. 303 a.
Chr. n. inscripto (*SIG* ³ 344.30) exstat; cf. etiam *RE* xvi. 2
coll. 1411 sq. de formis a scriptoribus usurpatis v. PB s. vv.
Μιτυλήνη, Μυτιλήνη. cf. ad 859a-b
1 προκαλεσαμένου Pletho, Fr.: προσκαλεσαμένου EB
βαλ
3 περιβαλὼν B: περιλαβὼν E   7 Πιττάκειον Ple-
tho, Cobet: Πιττάκιον EB   9 ἀριστείας Πιττακοῦ Bense-
ler, hiatus causa: Πιττακοῦ ἀριστείας EB   10 φυ-
γὴν Le., Xy. (in versione et notis), St., ex Hdt.: φύσιν
EB   13 ἀπὸ μιᾶς κακίας] falso Reiskio suspectum fuisse
e *Mor.* 609b et 951e ostendit Kronenberg *1942*   15
Ἀλκμαιωνίδας] EB, recte; cf. ad 862c   15-16 ἄνδρας] =
ἄνδρας ἀγαθοὺς (ut falso coniecit Herwerden *1877*); cf. e.g.
Hdt. 7.210.2, *Il.* 5.559

13

(858) τὴν ἑαυτῆς ὅτι· ὦ μαμμίδιον, ὁρᾷς, οὐ μίγνυταί
μοι κατὰ νόμον Πεισίστρατος. ἐπὶ τούτῳ δὲ
τοὺς Ἀλκμαιωνίδας τῷ παρανομήματι σχετλιά-
σαντας ἐξελάσαι τὸν τύραννον (1.60.2 - 61.2).

17. Ἵνα τοίνυν μηδ' οἱ Λακεδαιμόνιοι τῶν   5
Ἀθηναίων ἔλαττον ἔχωσι τῆς κακοηθείας, τὸν
ἐν αὐτοῖς μάλιστα θαυμαζόμενον καὶ τιμώμενον
ὅρα πῶς διαλελύμανται τὸν Ὀθρυάδαν· τὸν δὲ
ἕνα φησὶ (1.82.8) τὸν περιλειφθέντα τῶν τριη-
D κοσίων αἰσχυνόμενον ἀπονοστέειν ἐς Σπάρ/την,   10
τῶν συλλοχιτέων διεφθαρμένων, αὐτοῦ μιν ἐν
τ<ῇ>σι Θυρέ<η>σι καταχ<ρή>σασθαι ἑωυτόν. ἄνω
μὲν γὰρ ἀμφοτέροις ἐπίδικον εἶναι τὸ νίκημά
φησιν, ἐνταῦθα δὲ τῇ αἰσχύνῃ τοῦ Ὀθρυάδου τῶν
Λακεδαιμονίων ἧτταν κατεμαρτύρησεν· ἡττηθέν-   15
τα μὲν γὰρ ζῆν· αἰσχρὸν ἦν, περιγενέσθαι δὲ νι-
κῶντα κάλλιστον.

18. Ἐ{γ}ὼ τοίνυν ὅτι τὸν Κροῖσον ἀμαθῆ καὶ
ἀλαζόνα καὶ γελοῖον φήσας ἐν πᾶσιν, ὑπὸ τούτου
φησὶν αἰχμαλώτου γενομένου καὶ παιδαγωγεῖ-   20
σθαι καὶ νουθετεῖσθαι τὸν Κῦρον (1.86 - 89), ὃς
φρονήσει καὶ ἀρετῇ καὶ μεγαλονοίᾳ πολὺ πάντων

1-2 oratio recta in Hdt. · non exstat   19-21 cf. Sol.
28.2-6

1 ὁρᾷς,] ὁρᾷς; Be.; sed cf. Chatzidakin 420 sq.   3 Ἀλκ-
μαιωνίδας] EB, recte; cf. ad 862c   9 φησὶ Plut.
pro Herodoti λέγουσι non sine dolo praebet, pace Cobe-
ti   12 τῆσι Θυρέῃσι Mu., Be. 1879, ex Hdt.: τισι θυ-
ρένισι E: τοῖσι θυρέοισι B   καταχρήσασθαι Xy. ex
Hdt.: καταχώσασθαι EB   14-15 τῶν Λακεδαιμονίων ἧτταν
Lahmeyer 92, hiatus causa: τὴν ἧτταν τῶν Λακεδαιμονίων
Benseler, sensui non aptum: ἧτταν τῶν Λακεδαιμονίων
EB   18 ἐῶ Fr.: ἐγὼ EB

δοκεῖ πεπρωτευκέναι τῶν βασιλέων· τῷ δὲ Κροί- (858)
σῳ μηδὲν ἄλλο καλὸν ἢ τὸ τι/μῆσαι τοὺς θεοὺς E
ἀναθήμασι πολλοῖς καὶ μεγάλοις μαρτυρήσας,
αὐτὸ τοῦτο πάντων ἀσεβέστατον ἀποδείκνυσιν
5 ἔργον (1.92). ἀδελφὸν γὰρ αὐτ<οῦ> Παντ<α>-
λέοντα περὶ τῆς βασιλείας αὐτῷ διαφέρεσθαι
ζῶντος ἔτι τοῦ πατρός· τὸν οὖν Κροῖσον, ὡς εἰς
τὴν βασιλείαν κατέστη, τῶν ἑταίρων καὶ φίλων
τοῦ Παντ<α>λέοντος ἕνα τῶν γνωρίμων ἐπὶ γνά-
10 φου διαφθεῖραι καταξαινόμενον, ἐκ δὲ τῶν χρημά-
των αὐτοῦ ποιησάμενον ἀναθήματα τοῖς θεοῖς
ἀποστεῖλαι. Δηιόκην δὲ τὸν Μῆδον ἀρετῇ καὶ
δικαιοσύνῃ κτησάμενον τὴν ἡγεμονίαν οὐ φύσει
γενέσθαι φησὶ τοιοῦτον, ἐρασθέντα δὲ τυραννίδος
15 ἐπιθέσθαι προσ/ποιήματι δικαιοσύνης (1.96.2- F
98.1).

19. Ἀλλ᾽ ἀφίημι τὰ τῶν βαρβάρων· ἀφθονίαν
γὰρ αὐτὸς ἐν τοῖς Ἑλληνικοῖς πεποίηκεν. Ἀθη-
ναίους τοίνυν καὶ τοὺς πολλοὺς τῶν ἄλλων Ἰώνων

5 αὐτοῦ Herwerden *1894*: αὐτῷ EB; Wy. αὐτῷ post
βασιλείας delere maluit 5-6 et 9 Πανταλέοντα Mu.,
Xy. et Am. in versionibus, Be., ex Hdt.: Παντολέοντα EB.
litera ο pro α nusquam inuenitur; cf. Herodotum, ipsum Plu-
tarchum (*Arat.* 33.1), locos a PB s.vv. Πανταλέων, Παντολέων
citatos, titulos (e.g. *SIG*³ 546. A.1, 621), iocum a Quint. 7.9.6
                                                          γ
narratum   9-10 ἐπὶ γνάφου scripsi: ἐπὶ νάφου B: ἐπι-
            γ
νάφου (sic) E; νάφου in β e coniectura scriptum esse puto, sed
Plut., cum paraphrasin tantum praebeat, hac forma, non
forma Herodoti, mea sententia usus est; γν. *Mor.* 99d (bis),
Cat. Ma. 21.5 exstat; *Cic.* 1.1 alii codd. γν., alii κν. praebent;
cf. etiam LSJ s.v. κναφεῖον   14 φησὶ E : ησὶ B : φησὶ τὰ   17 τὰ
B (pace Pe. *1959* 264 et ad loc.; cf. Hansenium *1969* 18
ad 34 n. 4): om. E   18 αὐτὸς] αὐτὸς Russell

15

(858) ἐπαισχύνεσθαι τῷ ὀνόματι τούτῳ, μὴ βουλομένους
ἀλλὰ φεύγοντας ῎Ιωνας κεκλῆσθαι (1.143.3),
τοὺς δὲ νομίζοντας αὐτῶν γενναιοτάτους εἶναι
καὶ ὁρμηθέντας ἀπὸ τοῦ πρυτανηίου τῶν ᾿Αθη-
ναίων ἐκ βαρβάρων παιδοποιήσασθαι γυναικῶν, 5
πατέρας αὐτῶν καὶ <ἄνδρας καὶ> παῖδας φο-
νεύσαντας· διὸ τὰς γυναῖκας νόμον θέσθαι <καὶ>
ὅρκους ἐπελάσαι καὶ παραδοῦναι ταῖς θυγατράσι,
μήποτε ὁμοσιτῆσαι τοῖς ἀνδράσι μηδ᾿ ὀνομαστὶ
βοῆσαι τὸν ἑαυτῆς ἄνδρα· καὶ τοὺς νῦν ὄντας Μι- 10
859 λησίους / ἐξ ἐκείνων γεγονέναι τῶν γυναικῶν (1.
146. 2-3). ὑπειπὼν δὲ καθαρῶς ῎Ιωνας γεγονέ-
ναι τοὺς ᾿Απατούρια ἄγοντας ἑορτήν, ἄγουσι δὲ
πάντες, φησί, πλὴν ᾿Εφεσίων καὶ Κολοφωνίων
(1.147.2). τούτους μὲν οὕτως ἐκκέκλεικε τῆς 15
εὐγενείας.

20. Πακτύην δ᾿ ἀποστάντα Κύρου φησὶ Κυ-
μαίους <...> καὶ Μιτυληναίους ἐκδιδόναι παρα-
σκευάζεσθαι τὸν ἄνθρωπον ἐπὶ μισθῷ [ὅσῳ δή]·

3 γενναιοτάτους B: γενναιότατον E   6 ἄνδρας
καὶ add. Re.   7 καὶ add. Be.   10 ἑαυτῆς E :
αὑτῆς B   13 ante ᾿Απατούρια nihil deest (pace Be.),
cum Plutarchus verba Herodoti ἀπ᾿ ᾿Αθηνέων γεγόνασι consulto
omiserit ut. eum malignitatis peruerse argueret   15 μὲν]
μὲν οὖν Be.   17-18 Κυμαίους ⟨...⟩ Du.: fortasse Κυ-
μαίους ⟨πρὸς Μιτυληναίους ἐκπέμψαι⟩ vel Κυμαίους ⟨totus
versus eiusdem sententiae⟩: ⟨εἰς Κύμην φυγεῖν·⟩ Κυμαίους
⟨δ᾿ ἐκπέμψαι πρὸς Μιτυληναίους⟩ Be., versionem Wyttenba-
chii secutus, vix recte; contra, Lahmeyer (85) nihil de-
esse et Plutarchum τὸν ἄνθρωπον hiatu vitandi causa in-
seruisse putauit   18 et p. 17 vss. 10 et 14 Μιτυλη.]
cf. ad 858a; utra forma in verbis Charonis Plut. usus sit, non
constat   19 ὅσῳ δή Re. ex Hdt.: lac. ca. 5 litt. in fine
versus E: om. B; cf. Hansenium 1969 6

οὐ γὰρ ἔχω γε εἰπεῖν ἀτρεκέως (1.160.2) — εὖ (859)
τὸ μὴ διαβεβαιοῦσθαι πόσος ἦν ὁ μισθός, τηλικοῦ-
το δ᾽ Ἑλληνίδι πόλει προσβαλεῖν ὄνειδος ὡς δὴ
σαφῶς εἰδότα—. Χίους μέντοι τὸν Πακτύην κο-
5 μισθέντα πρὸς αὐτοὺς ἐξ ἱεροῦ Ἀθηναίης πο/λι- B
ούχου ἐκδοῦναι, καὶ ταῦτα ποιῆσαι τοὺς Χίους
τὸν Ἀταρνέα μισθὸν λαβόντας (1.160.3-4).
καίτοι Χάρων ὁ Λαμψακηνός, ἀνὴρ πρεσβύτερος,
ἐν τοῖς περὶ Πακτύην λόγοις γενόμενος τοιοῦτον
10 οὐδὲν οὔτε Μιτυληναίοις οὔτε Χίοις ἄγος προσ-
τέτριπται, ταυτὶ δὲ κατὰ λέξιν γέγραφε (FGrH
262 fr. 9)· Πακτύης δὲ ὡς ἐπύθετο προσελαύ-
νοντα τὸν στρατὸν τὸν Περσικὸν ᾤχετο φεύγων
ἄρτι μὲν εἰς Μιτυλήνην, ἔπειτα δὲ εἰς Χίον· καὶ
15 αὐτοῦ ἐκράτησε Κῦρος.

21. Ἐν δὲ τῇ τρίτῃ τῶν <β>ύ<β>λων διηγού-
μενος τὴν Λακεδαιμονίων ἐπὶ Πολυκράτη τὸν
τύραννον στρατείαν, αὐτος<ὺ>ς μὲν οἴεσθαί φησι
(3.47.1) καὶ λέγειν Σαμίους / ὡς χάριν ἐκτί- C
20 νοντες αὐτοῖς τῆς ἐπὶ Μεσσήνης βοηθείας στρα-
τεύσειαν, τούς τε φεύγοντας κατάγοντες τῶν πο-
λιτῶν καὶ τῷ τυράννῳ πολεμοῦντες· ἀρνεῖσθαι
δὲ τὴν αἰτίαν ταύτην Λακεδαιμονίους, καὶ λέ-
γειν ὡς οὐ βοηθοῦντες οὐδ᾽ ἐλευθεροῦντες ἀλλὰ τι-

14 δὲ B: om. E   16 βύβλων Be. in apparatu (βίβλων
Le., Xy.): κύκλων EB; cf. Hansenium 1969 11. de forma
βυβλ. cf. Mor. 724d, Ag. 36.11, Aem. 19.2, et LSJ s.v. βίβ-
λος   17 Πολυκράτη E: Πολυκράτην B   18 αὐτοὺς
Xy. in versione, Wy.:αὐτὸς EB   20 Μεσσήνης] Μεσση-
νίους Be., versionem Xylandri secutus, vix recte; intelligen-
dum est :'...gratiam Samiis referentes pro auxilio Spartanis
Messenam misso...'

(859) μωρούμενοι Σαμίους στρατεύσαιντο, κρατῆρά
τινα πεμπόμενον Κροίσῳ παρ' αὐτῶν καὶ θώρακα
πάλιν παρ' Ἀμάσιδος κομιζόμενον αὐτοῖς ἀφελο-
μένους. καίτοι πόλιν ἐν τοῖς τότε χρόνοις οὔτε
φιλότιμον οὕτως οὔτε μισοτύραννον ἴσμεν ὡς τὴν 5
Λακεδαιμονίων γενομένην· ποίου γὰρ ἕνεκα
D θώρακος ἢ τίνος κρατῆρος ἑτέ/ρου Κυψελίδας
μὲν ἐξέβαλον ἐκ Κορίνθου καὶ Ἀμβρακίας, ἐκ δὲ
<Νάξου> Λύγδαμιν, ἐξ Ἀθην{αι}ῶν δὲ τοὺς
Πεισιστράτου παῖδας, ἐκ δὲ Σικυῶνος Αἰσχίνην, 10
ἐκ Θάσου δὲ Σύμμαχον, ἐκ δὲ Φωκέων Αὖλιν,
ἐκ Μιλήτου δ' Ἀριστογένη, τὴν δ' ἐν Θετταλοῖς
δυναστείαν ἔπαυσαν Ἀριστομήδη καὶ Ἀγέλ<α>-
ον καταλύσαντες διὰ Λεωτυχίδου τοῦ βασιλέως;
περὶ ὧν ἐν ἄλλοις ἀκριβέστερον γέγραπται. κατὰ 15
δ' Ἡρόδοτον οὔτε κακίας οὔτ' ἀβελτ<ε>ρίας
ὑπερβολὴν λελοίπασιν εἰ τὴν καλλίστην καὶ δι-
καιοτάτην τῆς στρατείας ἀρνούμενοι πρόφασιν
E ὡμολόγουν διὰ μνησικακίαν καὶ μι/κρολογίαν
ἐπιτίθεσθαι δυστυχοῦσιν ἀνθρώποις καὶ κακῶς 20
πράττουσιν.

22. Οὐ μὴν ἀλλὰ Λακεδαιμονίους μὲν ἁ<μ>ωσ-
γέπως ὑποπεσόντας αὐτοῦ τῷ γραφείῳ προσέ-
χρωσε· τὴν δὲ Κορινθίων πόλιν, ἐκτὸς δρόμου
κατὰ τοῦτον οὖσαν τὸν τόπον, ὅμως προσπερι- 25

6-15 cf. Pe. ad loc.

8 Ἀμβρακίας E: Ἀμπρακίας B; cf. Hansenium 1968
180 et 1974 9   9 Νάξου Tu. (etiam apud Wy.), Xy.:
Ξεναγου E: Ξενάγου B   Ἀθηνῶν Tu., Xy.: Ἀ-
θηναίων EB   13-14 Ἀγέλαον Hubert 1950 336: Ἄγελ-
λον E: Ἄγγελον B   16 ἀβελτερίας Al.: ἀβελτηρίας
EB   22-23 ἁμωσγέπως Re.: ἄλλως γέ πως EB; cf. ad 873c

λαβὼν ὁδοῦ, φ<α>σί, πάρεργον ἀνέπλησεν αἰτίας (859)
δεινῆς καὶ μοχθηροτάτης διαβολῆς. συνεπελά-
βοντο·γάρ, φησί (3.48), τοῦ στρατεύματος <τοῦ>
ἐπὶ Σάμ<ον> ὥστε γενέσθαι Κορίνθιοι{ς} προ-
5 θύμ<ως>, ὑβρίσματος εἰς αὐτοὺς ὑπὸ Σαμίων
πρότερον ὑπάρξαντος. ἦν δὲ τοιοῦτο· Κερκυ-
ραίων παῖδας τριακοσίους τῶν πρώτων Περίαν-
δρος ὁ Κορίνθου τύραννος ἐπ' ἐκ/τομῇ παρ' F
'Αλυάτ<τ>ην ἔπεμπε· τούτους ἀποβάντας ἐς τὴν
10 νῆσον οἱ Σάμιοι διδάξαντες ἐν ἱερῷ 'Αρτέμιδος
ἱκέτας καθίζεσθαι καὶ τρωκτὰ προτιθέντες αὐτοῖς
ὁσημέραι σησάμου καὶ μέλιτος περιεποίησαν.
τοῦθ' ὕβρισμα Σαμίων εἰς Κορινθίους ὁ συγγρα-
φεὺς προσαγορεύει καὶ διὰ τοῦτό φησι συμπαρο-
15 ξῦναι Λακεδαιμονίους κατ' αὐτῶν ἔτεσιν οὐκ ὀλί-
γοις ὕστερον, ἔγκλημα ποιησαμένους ὅτι τριακο-
σίους παῖδας Ἑλλήνων ἐφύλαξαν ἄνδρας. ὁ δὲ
τοῦτο Κορινθίοις προστριβόμενος τοὔνειδος ἀπο-
φαίνει τοῦ τυράννου μοχθηροτέραν τὴν πόλιν·
20 ἐκεῖνος μὲν γ<ὰρ> τὸν υἱὸν αὐτοῦ Κερκυραίους
ἀνελόντα<ς> ἠμύνατο, Κορίνθιοι δὲ τί παθόντες
ἐτιμωροῦντο Σαμίους ἐμποδὼν στάντας / ὠμότη- 860

20-21 cf. Hdt. 3.53.7

1 φασί Tu., Xy. (cf. eundem errorem 862b): φησί EB
  ἀνέπλησεν E : ἐνέπλησεν B   3 τοῦ add. Re.
ex. Hdt.   4 ΣάμονMu., Re.: Σάμῳ EB   Κορίν-
θιοι προθύμως Xy., St., ex Hdt. : Κορινθίους προθύμου E:
                                                    οις
Κορινθίοις προθύμους B   9 'Αλυάττην Xy., St.: 'Αλυά-
την B: 'Αλυάτην E   ἐς B (cf. 858c, 863d): εἰς E; cf.
Hansenium 1969 15 not. 39   11 προτιθέντες E: περιτι-
θέντες B   20 γὰρ Mu., Me.: γε EB   21 ἀνελόντας
Mu., Xy. in versione, Re.: ἀνελόντα EB

19

(860) τι καὶ παρανομίᾳ τοσαύτῃ, καὶ ταῦτα μετὰ τρεῖς
γενεάς, ὀργὴν καὶ μνησικακίαν ἀναφέροντες ὑπὲρ
τυραννίδος, ἧς καταλυθείσης πᾶν τ<ε> μνῆμα καὶ
πᾶν ἴχνος ἐξαλείφοντες καὶ ἀφανίζοντες οὐκ ἐ-
παύοντο, χαλεπῆς καὶ βαρείας αὐτοῖς γενομένης; 5
ἀλλὰ δὴ τὸ μὲν ὕβρισμα τοιοῦτον ἦν τὸ Σαμίων
εἰς Κορινθίους· τὸ δὲ τιμώρημα ποῖόν τι τὸ Κο-
ρινθίων εἰς Σαμίους; εἰ γὰρ ὄντως ὠργίζοντο Σα-
μίοις, οὐ παροξύνειν, ἀποτρέπειν δὲ μᾶλλον αὐ-
τοῖς ἦν προσῆκον Λακεδαιμονίους ἐπὶ Πολυ- 10
κράτη στρατευομένους, ὅπως μὴ τοῦ τυράννου
B καταλυθέντος ἐλεύθεροι Σάμιοι / γένοιντο καὶ
παύσαιντο δουλεύοντες. ὃ δὲ μέγιστόν ἐστι, τί
δήποτε Κορίνθιοι Σαμίοις μὲν ὠργίζοντο βου-
ληθεῖσι σῶσαι καὶ μὴ δυνηθεῖσι Κερκυραίων παῖ- 15
δας, Κνιδίοις δὲ τοῖς σώσασι καὶ ἀποδοῦσιν οὐκ
ἐνεκάλουν; καίτοι Κερκυραῖοι Σαμίων μὲν ἐπὶ
τούτῳ λόγον οὐ πολὺν ἔχουσι, Κνιδίων δὲ μέμνην-
ται, καὶ Κνιδίοις εἰσὶ τιμαὶ καὶ ἀτέλειαι καὶ ψη-
φίσματα παρ' αὐτοῖς· οὗτοι γὰρ ἐπιπλεύσαντες 20
ἐξήλασαν ἐκ τοῦ ἱεροῦ τοὺς Περιάνδρου φύλακας,
αὐτοὶ δ' ἀναλαβόντες τοὺς παῖδας εἰς Κέρκυραν
διεκόμισαν, ὡς Ἀντήνωρ θ' ὁ Κρητικὸς <συγ-
γραφεὺς> ἱστόρηκε (FGrH 463 fr. 2) καὶ Διο-
C νύσιος ὁ Χαλκιδεὺς ἐν ταῖς / Κτίσεσιν (FHG iv 25

3 τε Re.: τὸ EB   6 τοιοῦτον B (recte, propter vocalem
insequentem) : τοιοῦτο E   11 μὴ E: μηδὲ B   16 ἀπο-
δοῦσιν E: ἀποδιδοῦσιν B   23 θ' ὁ Κρητικὸς ⟨συγγραφεὺς⟩
Schwarz: ἐν τοῖς Κρητικοῖς Kaltwasser p. 708 not. 70 hae-
sitanter, cl. Ael. NA 17.35 = FGrH 463 fr. 1 (ἐν λόγοις Κρη-
τικοῖς); sed non est cur duo fragmenta hac in re congruant

p. 396 fr. 13). ὅτι δ' οὐ τιμωρούμενοι Σαμίους, (860)
ἀλλ' ἐλευθεροῦντες ἀπὸ τοῦ τυράννου καὶ σώ-
ζοντες ἐστράτευσαν οἱ Λακεδαιμόνιοι, Σαμίοις
αὐτοῖς ἔστι χρήσασθαι μάρτυσιν. Ἀρχίᾳ γὰρ
5 ἀνδρὶ Σπαρτιάτῃ λαμπρῶς ἀγωνισαμένῳ τότε καὶ
πεσόντι τάφον εἶναι δημοσίᾳ κατεσκευασμένον
ἐν Σάμῳ καὶ τιμώμενον ὑπ' αὐτῶν λέγουσι· διὸ
καὶ τοὺς ἀπογόνους τἀνδρὸς ἀεὶ διατελεῖν Σαμί-
οις οἰκείως καὶ φιλανθρώπως προσφερομένους,
10 ὡς αὐτὸς Ἡρόδοτος ταῦτα γοῦν ἀπομεμαρτύρη-
κεν (3.55).

23. Ἐν δὲ τῇ πέμπτῃ τῶν ἀρίστων Ἀθήνησι
καὶ πρώτων ἀνδρῶν Κλεισθένη μὲν ἀναπεῖσαί
φησι τὴν Πυ/θίαν ψευδόμαντιν γενέσθαι, προφέ- D
15 ρουσαν ἀεὶ Λακεδαιμονίοις ἐλευθεροῦν ἀπὸ τῶν
τυράννων {ἀεὶ} τὰς Ἀθήνας (5.63.1), καλλί-
στῳ μὲν ἔργῳ καὶ δικαιοτάτῳ προσάπτων ἀσεβή-
ματος διαβολὴν τηλικούτου καὶ ῥᾳδιουργήματος,
ἀφαιρούμενος δὲ τοῦ θεοῦ μαντείαν καλὴν κἀγα-
20 θὴν καὶ τῆς λεγομένης συμπροφητεύειν Θέμιδος
ἀξίαν. Ἰσαγόραν δὲ τῆς γαμετῆς ὑφίεσθαι Κλεο-
μένει φοιτῶντι παρ' αὐτήν (5.70.1)· ὡς δ' εἴω-
θε{ι} παραμιγνὺς πίστεως ἕνεκα τοῖς ψόγοις ἐπαί-
νους τινάς, Ἰσαγόρης δέ, φησίν (5.66.1), ὁ Τισάν-
25 δρου οἰκίης μὲν ἦν δοκίμου, ἀτὰρ τὰ ἀνέκαθεν
οὐκ ἔχω φράσαι· θύουσι δὲ / οἱ συγγενεῖς αὐτοῦ E
Διὶ Καρίῳ. εὔρυθμός ⟨γ⟩ε καὶ πολιτικὸς ὁ μυκ-
τὴρ τοῦ συγγραφέως, εἰς Κᾶρας ὥσπερ εἰς κό-

16 ἀεὶ del. Du.   22-23 εἴωθε Hude, cl. 863c et 868d:
εἰώθει ΕΒ   27 γε Re.: τε ΕΒ

21

(860) ρακας ἀποδιοπομπουμένου τὸν Ἰσαγόραν. Ἀρι-
στογείτονα μέντοι οὐκέτι κύκλῳ καὶ κακῶς, ἀλλ'
ἄντικρυς διὰ πυλῶν εἰς Φοινίκην ἐξελαύνει, Γεφυ-
ραῖον γεγονέναι λέγων ἀνέκαθεν· τοὺς δὲ Γεφυ-
ραίους οὐκ ἀπ' Εὐβοίας οὐδ' Ἐρετριεῖς, ὥσπερ 5
οἴονταί τινες, ἀλλὰ Φοίνικας εἶναί φησιν, αὐτὸς
οὕτως πεπ<υ>σμένος (5.55 & 57.1). ἀφελέσθαι
τοίνυν Λακεδαιμονίους μὴ δυνάμενος τὴν Ἀθη-
ναίων ἐλευθέρωσιν ἀπὸ τῶν τυράννων αἰσχίστῳ
πάθει κάλλιστον ἔργον οἷός τ' ἐστὶν ἀφανίζειν 10
F καὶ κατ<α>ισχύ/νειν. ταχὺ γὰρ μετανοῆσαί φησιν
(5.90 - 93) αὐτοὺς ὡς οὐ ποιήσαντας ὀρθῶς, ὅτι
κιβδήλοισι μαντηίοισιν ἐπαρθέντες ἄνδρας ξεί-
νους ὄντας αὐτοῖσι καὶ ὑποσχομένους ὑποχειρίας
παρέξειν τὰς Ἀθήνας ἐξήλασαν ἐκ τῆς πατρίδος 15
{τοὺς τυράννους} καὶ δήμῳ ἀχαρίστῳ παρέδωκαν
τὴν πόλιν. εἶτα μεταπεμψαμένους Ἱππίαν ἀπὸ
Σιγείου κατάγειν εἰς τὰς Ἀθήνας· ἀντιστῆναι δὲ
Κορινθίους αὐτοῖς καὶ ἀποστρέψαι, Σωκλέους δι-
ελθόντος ὅσα Κύψελος καὶ Περίανδρος κα<κ>ὰ 20
τὴν Κορινθίων πόλιν εἰργάσαντο τυραννοῦντες. /
861 καίτοι Περιάνδρου σχετλιώτερον οὐδὲν οὐδ' ὠμό-

2 καὶ E: om. B   κακῶς] πλαγίως Kronenberg
1942, cl. 856c, vix recte   5 οὐκ ἀπ' Εὐβοίας οὐδ'
Ἐρετριεῖς] negligenter dictum, sed caue ipsum Plutarchum cum
Re. et Be. corrigas   7 πεπυσμένος Xy. (cf. Herodoti
ἀναπυνθανόμενος): πεπεισμένος EB   9 ἐλευθέρωσιν E:
ἐλευθερίαν et in margine γρ. ἐλευθέρωσιν B   13 κιβδήλοισι
B: κιβδήλῃσι E   16 τοὺς τυράννους] ut glossam del.
Cobet   19 ἀποστρέψαι] ἀποτρέψαι Cobet; sed cf. e.g.
Dionys. Hal. Dem. 15 et Din. 2.23   Σωκλέους] cf. Hu-
dium ad Hdt. 5.92.1   20 κακὰ Wy., pace Holzap-
felii 32: κατὰ EB

τερον ἔργον ἱστορεῖται τῆς ἐκ‹τ›ομ{π}ῆς τῶν (861)
τριακοσίων ἐκείνων, οὓς ἐξαρπάσασι καὶ διακω-
λύσασι παθεῖν ταῦτα Σαμίοις ὀργίζεσθαί φησι
καὶ μνησικακεῖν Κορινθίους ὥσπερ ὑβρισθέντας.
5 τοσαύτης ἀναπίμπλησι ταραχῆς καὶ διαφωνίας
τὸ κακόηθες αὐτοῦ τὸν λόγον, ἐξ ἁπάσης τῇ διη-
γήσει προφάσεως ὑποδυόμενον.

24. Ἐν δὲ τοῖς ἐφεξῆς τὰ περὶ Σάρδεις διη-
γούμενος, ὡς ἐνῆν μάλιστα διέλυσε καὶ διελυμή-
10 νατο τὴν πρᾶξιν, ἃς μὲν Ἀθηναῖοι ναῦς ἐξέπεμ-
ψαν Ἴωσι τιμωροὺς ἀποστᾶσι βασιλέως ἀρχεκά-
κους τολμήσας προσειπεῖν (5.97.3), ὅτι τοσαύ-/
τας πόλεις καὶ τηλικαύτας Ἑλληνίδας ἐλευθε-   B
ροῦν ἐπεχείρησαν ἀπὸ τῶν βαρβάρων, Ἐρετριέ-
15 ων δὲ κομιδῇ μνησθεὶς ἐν παρέργῳ (5.99.1) καὶ
παρασιωπήσας μέγα κατόρθωμα καὶ ἀοίδιμον.
† ἤδη γὰρ ὡς [τῶν] περὶ τὴν Ἰωνίαν συγκεχυμέ-
ν[ω]ν καὶ στόλου βασιλικοῦ προσπλέοντος, ἀπαντή-
σαντες ἔξω Κυπρίους ἐν τῷ Παμφυλίῳ πελάγει
20 κατεναυμάχησαν †· εἶτ' ἀναστρέψαντες ὀπίσω καὶ

---

1 ἱστορεῖται Ε: ἐστὸρεῖται Β   ἐκτομῆς Le. (etiam
apud Wy.), St., Hude: ἐκμπομπῆς ΕΒ; sin autem lectio
codicum vera esset, Plut. negligentius solito castrationem
verbo ταῦτα designasset (Hude)   6 τὸν λόγον Ε:
τῶν λόγων Β ͜ ον ͜ ὸν   17 τῶν Mu., Wy.:lac. 5 litt.
Ε, 3 Β   17-18 συγκεχυμένων Mu., Wy. : συγκε-
χυμέν[lac. 1 vel 2 litt.]ν Ε: συγκεχυμένην Β, e coniec-
tura ut puto   17-20 ἤδη... κατεναυμάχησαν] locus
desperatus: ὡς (= 'cum') verbo finito caret (ὡς [ἐπύθοντο
τὰ] περὶ τὴν Ἰωνίαν συγκεχυμένα supplementum a Cobeto
propositum quamquam a Jacobyio receptum fidem non facit
quia ultimum verbum mutare necesse fuit); mentio Athenien-
sium ante sententiam insequentem excidit, cum pateat non

23

(861) τὰς ναῦς ἐν Ἐφέσῳ καταλιπόντες ἐπέθεντο Σάρ-
δεσι καὶ Ἀρταφέρνην ἐπολιόρκουν εἰς τὴν ἀκρό-
πολιν καταφυγόντα, βουλόμενοι τὴν Μιλήτου λῦ-
C σαι πολιορκίαν· καὶ τοῦτο μὲν ἔπραξαν καὶ / τοὺς
πολεμίους ἀνέστησαν ἐκεῖθεν, ἐν φόβῳ θαυμα-   5
στῷ γενομένους· πλήθους δ᾽ ἐπιχυθέντος αὐτοῖς
ἀπεχώρησαν. ταῦτα δ᾽ ἄλλοι τε καὶ Λυσανίας ὁ
Μαλλώτης ἐν τοῖς περὶ Ἐρετρίας εἴρηκε (FGrH
426 fr. 1). καὶ καλῶς εἶχεν, εἰ καὶ διὰ μηδὲν
ἄλλο, τῇ γοῦν ἁλώσει καὶ φθορᾷ τῆς πόλεως   10
ἐπειπεῖν τὸ ἀνδραγάθημα τοῦτο καὶ τὴν ἀρι-
στείαν. ὁ δὲ καὶ κρατηθέντας αὐτοὺς ὑπὸ τῶν
βαρβάρων φησὶν (5.101.3 - 102.3) εἰς τὰς ναῦς
καταδιωχθῆναι, μηδὲν τοιοῦτο τοῦ Λαμψακηνοῦ
Χάρωνος ἱστοροῦντος, ἀλλὰ ταυτὶ γράφοντος   15
κατὰ λέξιν (FGrH 262 fr. 10)· Ἀθηναῖοι δὲ εἴ-
κοσι τριήρεσιν ἔπλευσαν ἐπικουρήσοντες τοῖς
D Ἴωσι, καὶ εἰς Σάρδεις ἐστρατεύσαντο καὶ εἷ/λον
τὰ περὶ Σάρδεις ἅπαντα χωρὶς τοῦ τείχους τοῦ
βασιληίου· ταῦτα δὲ ποιήσαντες ἐπαναχωροῦσιν   20
εἰς Μίλητον.

fieri potuisse ut aut Lysanias aut Plut. Eretrienses solos Sardes
adortos esse scriberet (cf. Plethonem in paraphrasi apud
Hansenium *1974* 2; Cobet [p. 536] dissentire videtur, sed is
summae stultitiae Plutarchum arguit qui eum Herodoti ob-
trectandi causa eodem loco dixisse et Eretrienses solos [861b]
et Athenienses solos [861c fin.] eodem tempore Sardes adortos
esse putet). itaque duae lacunae a codicibus non indicatae
statuendae esse videntur, altera post προσπλέοντος, altera post
κατεναυμάχησαν. contra, verba ἔξω Κυπρίους falso suspecta
sunt (ἐκ Κύπρου... ἔξω Pletho; ἔξω Κύπρου Rühl, quod
autem quomodo in ἔξω Κυπρίους corrumpi omnino potuerit,
nequaquam intelligo)

9 εἶχεν εἰ E: εἶχε B

25. Ἐν δὲ τῇ ἕκτῃ διηγησάμενος (6.108.2-4) (861)
περὶ Πλαταιέων ὡς σφᾶς .αὐτοὺς ἐδίδοσαν
Σπαρτιάταις, οἱ δὲ μᾶλλον ἐκέλευσαν πρὸς Ἀθη-
ναίους τρέπεσθαι πλησιοχώρους ἐόντας αὐτοῖς
5 καὶ τιμωρέειν οὐ κακούς, προστίθησιν οὐ καθ᾽
ὑπόνοιαν οὐδὲ δόξαν, ἀλλ᾽ ὡς ἀκριβῶς ἐπιστά-
μενος, ὅτι ταῦτα συνεβούλευον οἱ Λακεδαιμόνιοι
οὐ κατ᾽ εὔνοιαν ‹οὕτω› τῶν Πλαταιέων, ὡς βου-
λόμενοι τοὺς Ἀθηναίους ἔχειν πόνον συνεστεῶτας
10 Βοιωτοῖς. οὐκοῦν εἰ μὴ κακοήθης Ἡρόδοτος,
ἐπίβουλοι μὲν Λακεδαιμόνιοι καὶ κα/κοήθεις, Ε
ἀναίσθητοι δ᾽ Ἀθηναῖοι παρακρουσθέντες, Πλα-
ταιεῖς δ᾽ οὐ κατ᾽ εὔνοιαν οὐδὲ τιμὴν ἀλλὰ πολέ-
μου πρόφασις εἰς μέσον ἐρρίφησαν.

15 26. Καὶ μὴν τὴν πανσέληνον ἤδη σαφῶς ἐξε-
λήλεγκται Λακεδαιμονίων καταψευδόμενος ἣν
φησι περιμένοντας αὐτοὺς εἰς Μαραθῶνα μὴ βοη-
θῆσαι τοῖς Ἀθηναίοις. οὐ γὰρ μόνον ἄλλας μυρίας
ἐξόδους καὶ μάχας πεποίηνται μηνὸς ἱσταμένου,
20 μὴ περιμείναντες τὴν πανσέληνον, ἀλλὰ καὶ ταύ-
της τῆς μάχης, ἕκτη{ς} Βοηδρομιῶνος ἱσταμένου
γενομένης, ὀλίγον ἀπελείφθησαν, ὥστε καὶ θεά-
σασθαι τοὺς νεκροὺς ἐπελθόντ‹ε›ς ἐπὶ τὸν τόπον.

21-22 cf. Mor. 349e, Cam. 19.5   22-23 cf. Hdt. 6.120

4 ἐόντας αὐτοῖς E: ὄντας ἑαυτοῖς B   8 οὕτω add. Xy.
ex Hdt.   9 πόνον] πόνους Tu. (etiam apud Wechelium)
ex Hdt.   συνεστεῶτας E: συνεστεῶτα B   11 Λα-
κεδαιμόνιοι καὶ κακοήθεις E: καὶ κακοήθεις Λακεδαιμό-
νιοι B   15-16 ἐξελήλεγκται E: ἐξελήλεκται B   21 ἕ-
κτῃ Re.: ἕκτης EB   23 ἐπελθόντες Abresch : ἐπελθόν-
τας E (cf. Hansenium 1968 180) B

25

(862) F ἀλλ' / ὅμως ταῦτα περὶ τῆς πανσελήνου γέγραφεν
(6.106.3 - 107.1)· ἀδύνατα δέ σφι τὸ παραυτίκα
ποιέειν ταῦτα, οὐ βουλομένοισι λύειν τὸν νόμον·
ἦν γὰρ ἱσταμένου τοῦ μηνὸς <ἐνάτη>, ἐνάτῃ δὲ
οὐκ ἐξελεύσεσθαι ἔφασαν, οὐ πλήρεος ἐόντος τοῦ 5
κύκλου. οὗτοι μὲν οὖν τὴν πανσέληνον ἔμενον. σὺ
δὲ μεταφέρεις τὴν πανσέληνον εἰς ἀρχὴν μηνὸς
διχομηνίας <οὖσαν> καὶ τὸν οὐρανὸν ὁμοῦ καὶ
τὰς ἡμέρας καὶ πάντα πράγματα συνταράσσεις.
καὶ τὰ τῆς Ἑλλάδος ἐπαγγελλόμενος γράφειν 10
862 [ἔργα μεγάλα καὶ θαυμαστά], / ἐσπουδακὼς δὲ
περὶ τὰς Ἀθήνας διαφερόντως, οὐδὲ τὴν πρὸς
Ἄγρας πομπὴν ἱστόρηκας ἣν πέμπουσιν ἔτι νῦν
τῇ ἔκ{α}τῃ χαριστήρια τῆς νίκης ἑορτάζοντες.
ἀλλὰ τοῦτό γε βοηθεῖ τῷ Ἡροδότῳ πρὸς ἐκείνην 15
τὴν διαβολὴν ἣν ἔχει κολακεύσας τοὺς Ἀθηναίους
ἀργύριον πολὺ λαβεῖν παρ' αὐτῶν. εἰ γὰρ ἀνέγνω
ταῦτ' Ἀθηναίοις, οὐκ ἂν εἴασαν οὐδὲ περιεῖδον
ἐνά<τ>ῃ τὸν Φιλιππίδην παρακαλοῦντα Λακε-
δαιμονίους ἐπὶ τὴν μάχην ἐκ τῆς μάχης γεγενη- 20
μένον, καὶ ταῦτα δευτεραῖον εἰς Σπάρτην ἐξ Ἀθη-

2 σφι E: σφιν B   4 ἐνάτῃ add. Xy. ex. Hdt. (contra,
cf. Cobetum)   7 δὲ B: lac. 3-4 litt. E   8 δι-
χομηνίας οὖσαν Re.: οὖσαν διχομηνίας Du. : διχομηνίας οὔσης
Le.(etiam apud Wy.), St., vix recte: ἐκ διχομηνίας Wy.,
fortasse recte: διχομηνίας EB; cf. Hansenium 1969 5 sq.
11 ἔργα μεγάλα καὶ θαυμαστά scripsi, e prooemio Herodoti:
ὡς μὴ ἀκλεᾶ γένηται Pe., ex eodem loco: τὰ τῶν βαρβάρων
ἐπαίρεις τῷ λόγῳ Tu. fere aliique, apud Wechelium et
Wy., vix recte: lac. ca. 20 litt. EB   14 ἕκτῃ
Valckenaer ad Hdt. 6.109: Ἑκάτῃ EB, quae vox error scribae
qui Dianam et Hecaten confudit esse videtur, pace Hansenii
1968 180   19 ἐνάτῃ Wy.: ἐναγῆ EB   Φιλιππίδην]
cf. HW ii 107

ΠΕΡΙ ΤΗΣ ΗΡΟΔΟΤΟΥ ΚΑΚΟΗΘΕΙΑΣ

νῶν, ὡς αὐτός φησιν (6.106.1), ἀφιγμένον· εἰ μὴ (862)
μετὰ τὸ νικῆσαι τοὺς πολεμίους / Ἀθηναῖοι Β
μετεπέμποντο τοὺς συμμάχους. ὅτι μέντοι δέκα
τάλαντα δωρεὰν ἔλαβεν ἐξ Ἀθηνῶν Ἀν‹ύ›του τὸ
5 ψήφισμα γράψαντος, ἀνὴρ Ἀθηναῖος, οὐ τῶν
παρημελημένων ἐν ἱστορίᾳ, Δίυλλος εἴρηκεν
(FGrH 73 fr. 3). ἀπαγγείλας δὲ τὴν ἐν Μαραθῶνι
μάχην ὁ Ἡρόδοτος, ὡς μὲν οἱ πλεῖστοι λέγουσι,
καὶ τῶν νεκρῶν τῷ ἀριθμῷ καθεῖλε τοὖργον.
10 εὐξαμένους γὰρ φ‹α›σι τοὺς Ἀθηναίους τῇ
Ἀγροτέρᾳ θύσειν χιμάρους ὅσους ἂν τῶν βαρ-
βάρων καταβάλωσιν, εἶτα μετὰ τὴν μάχην, ἀνα-
ρίθμου πλήθους τῶν νεκρῶν ἀναφανέντος, παραι-
τεῖσθαι ψηφίσματι τὴν θεὸν ὅπως καθ᾽ ἕκαστον
15 ἐνιαυτὸν ἀποθύωσι / πεντακοσίας τῶν χιμάρων. C

27. Οὐ μὴν ἀλλὰ τοῦτ᾽ ἐάσαντες ἴδωμεν ‹τὰ›
μετὰ τὴν μάχην· τῇσι δὲ λοιπῇσιν οἱ βάρβαροι
ἐξανακρουσάμενοι καὶ ἀναλαβόντες ἐκ τῆς νή-
σου ἐν {αὐ}τῇ ἔλιπον τὰ ἐξ Ἐρετρίης ἀνδράποδα,
20 περιέπλεον Σούνιον, βουλόμενοι φθῆναι τοὺς

7-9 cf. Paus. 4.25.5, Iustin. 2.9.20, Suid. s.v. ποικίλη
10-15 cf. Xen. An. 3.2.12, schol. Aristoph. Eq. 660,
Ael. VH 2.25

4 Ἀνύτου Fr.: ἀντὶ τοῦ EB   8 ὡς μὲν οἱ πλεῖστοι
λέγουσι] Pe. primus recte vertit quamquam lacunam falso
statuit; cf. Hansenium 1968 180; cum Holzapfelio (28) aliisque
interpretari nequaquam licet   10 φασι Mu., Valckenaer
ad Hdt. 6.109 (cf. eundem errorem 859e): φησι EB   16 τὰ
add. Tu., Wy.   17 λοιπῆσιν] φησίν add. Be., falso; cf.
e.g. 869a. Plut., ut verbum φησίν vitaret, a datiuo Ionico τῇσι
λοιπῆσιν orsus est quamquam ab οἱ βάρβαροι initium facere
ad sensum melius fuit   19 τῇ Tu. (etiam apud Weche-
lium), Xy., ex Hdt.: αὐτῇ EB

27

(862) Ἀθηναίους ἀφικόμενο‹ι› εἰς τὸ ἄστυ· αἰτίη{ν} δὲ
ἔσχ‹ε›ν Ἀθηναίοισιν ἐξ Ἀλκμεωνιδέων μηχα-
νῆς αὐτοὺς ταῦτα ἐπινοηθῆναι· τούτους γὰρ
συνθεμένους τοῖσι Πέρσησιν ἀναδεῖξαι ἀσπίδα
ἐοῦσιν ἤδη ἐν τῆσι νηυσί· οὗτοι μὲν δὴ περιέπλεον 5
Σούνιον (6.115 - 116). ἐνταῦθα τὸ μὲν τοὺς Ἐρε-
τριέας ἀνδράποδα προσειπεῖν, οὔτε τόλμαν Ἑλ-
D λήνων οὐδενὸς / οὔτε φιλοτιμίαν ἐνδεεστέραν πα-
ρασχομένους καὶ παθόντας ἀνάξια τῆς ἀρετῆς,
ἀφείσθω· διαβεβλημένων δὲ τῶν Ἀλκμαιωνιδῶν, 10
ἐν οἷς οἱ μέγιστοί τε τῶν οἴκων καὶ δοκιμώτατοι
τῶν ἀνδρῶν ἦσαν, ἐλάττων λόγος· ἀνατέτραπται
δὲ τῆς νίκης τὸ μέγεθος, καὶ τὸ τέλος εἰς οὐδὲν
ἥκει τοῦ περιβοήτου κατορθώματος, οὐδ᾽ ἀγών
τις ἔοικεν οὐδ᾽ ἔργον γεγονέναι τοσοῦτον, ἀλλὰ 15
πρόσκρουσμα βραχὺ τοῖς βαρβάροις ἀποβᾶσιν —

1 ἀφικόμενοι Re. ex Hdt. : ἀφικόμενο + lac. 2 litt. E :
ἀφικομένους B   1-2 αἰτίη δὲ ἔσχεν Tu. (etiam apud We-
chelium): αἰτία δὲ ἔσχε ἐν Cobet: αἰτίην δὲ ἔσχον ĒB. αἰτία
ἔχει (ad modum λόγος ἔχει) tantum Hdt. 5.70.1, 71.2; 6.115
exstare videtur, cum αἰτίαν ἔχω locutio solita sit. postquam
αἰτίη in formam solitam αἰτίην corruptum est, nu paragogicum
voci ἔσχε a Plut. aut scriba additum corruptionem in ἔσχον
faciliorem reddidit. cum ἐν in Herodoti codd. A et B solis
inueniatur, Plutarchi exemplar Herodoti lectionem ἔσχε Ἀθη-
ναίοισι (sine ἐν) vel veram vel falsam praebuisse videtur
2 Ἀλκμεωνιδέων] 862c-863b E Ἀλκμε. praebet (862d ε in
                                                            ε
ras.), B Ἀλκμαι. (exceptis 862d et e ubi Ἀλκμαι. in B exstat).
858b et c, ut etiam alibi in Plut., Ἀλκμαι. solum in codd.
inuenitur. formam Ἀλκμε. in verbis Herodoti tantum (862c,
f, 863a) Plutarchum scripsisse puto, eam autem alternationem
non intellexisse scribas. cf. quae de Θετταλ./Θεσσαλ. ad 866e
adnotaui   5 ἐοῦσιν] sic EB, pace Pe.   νηυσί
B: ναυσίν E   16 πρόσκρουσμα] cf. Wy. Anim. ad 137b

ὥσπερ οἱ διασύροντες καὶ βασκαίνοντες λέγου- (862)
σιν —, εἰ μετὰ τὴν μάχην οὐ φεύγουσι κόψαντες
τὰ πείσματα τῶν νέων, τῷ φέροντι προσωτάτω
τῆς Ἀττικῆς ἀνέμῳ παρα/δόντες αὐτούς, ἀλλ' E
5 αἴρεται μὲν ἀσπὶς αὐτοῖς προδοσίας σημεῖον,
ἐπιπλέουσι δὲ ταῖς Ἀθήναις ἐλπίζοντες αἱρήσειν,
καὶ καθ' ἡσυχίαν Σούνιον κάμψαντες ὑπεραιω-
ροῦνται Φαλήρων, οἱ δὲ πρῶτοι καὶ δοκιμώτατοι
τῶν ἀνδρῶν [προδιδόασιν] ἀπεγνωκότες τὴν
10 πόλιν. καὶ γὰρ ἀπολύων ὕστερον Ἀλκμαιωνίδας
ἑτέροις τὴν προδοσίαν ἀνατίθησιν· ἀνεδείχθη μὲν
γὰρ ἀσπίς, καὶ τοῦτο οὐκ ἔστιν ἄλλως εἰπεῖν,
φησίν (6.124.2), αὐτὸς ἰδών. τοῦτο δ' ἀμήχανον
μὲν ἦν γενέσθαι, νενικηκότων κατὰ κράτος τῶν
15 Ἀθηναίων· γενόμενον δ' οὐκ ἂν ὑπὸ τῶν βαρβά-
ρων συνώφθη, φυγῇ καὶ πόνῳ πολλῷ καὶ τραύ-
μασι καὶ βέλεσιν εἰς τὰς / ναῦς ἐλαυνομένων καὶ F
ἀπολιπόντων τὸ χωρίον, ὡς ἕκαστος τάχους εἶχεν.
ἀλλ' ὅταν γε πάλιν ὑπὲρ τῶν Ἀλκμαιωνιδῶν ἀπο-
20 λογεῖσθαι προσποι⟨ούμενος⟩ ἃ πρῶτος ἀνθρώπων
ἐπενήνοχεν ἐγκλήματα εἴ⟨π⟩ῃ· [θῶμα δέ μοι]

1-2 ut Theopompus; cf. *FGrH* 115 fr. 153   3-4 cf.
Arist. 5.5

9 προδιδόασιν Am. fere in versione et apud Mu. (προ-
εδίδοσαν αὐτοῖς), Re.: lac. ca. 8 litt. inter duos versus
divis. E: lac. ca. 11 litt. in fine versus B   12 ἄλλως Tu.,
Am. in versione, St.: ἀλλ' ὡς EB   13 αὐτὸς ἰδών]
'ab ipso visum, opinor!' ('per cavillationem dictum'· Wy.,
qui autem ὡς addere maluit, ut etiam Mu., Cobet, Herwerden
1894; sed ὡς ambiguum fuisset): οἶμαι add. Russell (per ep.)
20 προσποιούμενος Fr. fere: προσποιώμεθα EB; supplementa
a Pe. proposita (cf. Pe. *1959* 279 sq.) nequaquam fidem fa-
ciunt   21 εἴπῃ Wy.: εἴη EB   θῶμα δέ μοι Tu.
(etiam apud Wechelium), Wy., ex Hdt.: lac. ca. 10 litt. E, 9 B

(862) καὶ οὐκ ἐνδέχομαι τὸν λόγον, Ἀλκμεωνίδας
ἄν ποτε ἀναδεῖξαι Πέρσῃσιν ἐκ συνθήματος ἀσπί-
δα, βουλομένους γε εἶναι Ἀθηναίους ὑπὸ Ἱππίῃ
(6.121.1), κόμματός τινος ἀναμιμνήσκομαι πα-
ροιμιακοῦ·   5

μένε, καρκίνε, καί σε μεθήσω.

τί γὰρ ἐσπούδακας καταλαβεῖν, εἰ καταλαβὼν
μεθιέναι μέλλεις; καὶ σὺ κατηγορεῖς, εἶτ' ἀπολο-
863 γῇ· | καὶ γράφεις κατ' ἐπιφανῶν ἀνδρῶν διαβολὰς
ἃς πάλιν ἀναιρεῖς, ἀπιστῶν δὲ σεαυτῷ δηλονότι·   10
σεαυτοῦ γὰρ ἀκήκοας λέγοντος Ἀλκμαιωνίδας
ἀνασχεῖν ἀσπίδα νενικημένοις καὶ φεύγουσι τοῖς
βαρβάροις. καὶ μὴν ἐν οἷς περὶ Ἀλκμαιωνιδῶν
ἀπολογῇ σεαυτὸν ἀποφαίνεις συκοφάντην· εἰ γὰρ
μᾶλλον ἢ ὁμοίως Καλλίῃ τῷ Φαινίππου, Ἱππονί-   15
κου δὲ πατρί, φαίνονται μισοτύραννοι ἐόντες, ὡς
ἐνταῦθα γράφεις (6.121.1), Ἀλκμεωνίδαι, ποῦ
θήσεις αὐτῶν ἐκείνην τὴν συνωμοσίαν ἣν ἐν τοῖς
πρώτοις γέγραφας; ὡς ἐπιγαμίαν ποιησόμενοι
Πεισιστράτῳ κατήγαγον αὐτὸν ἀπὸ τῆς φυγῆς   20
B ἐπὶ τὴν τυραννίδα καὶ οὐκ | ἂν ἐξήλασαν αὖθις,
ἕως διεβλήθη παρανόμως τῇ γυναικὶ μιγνύμενος
(1.60.2 - 61.2). ταῦτα μὲν οὖν τοιαύτας ἔχει

22 cf. supra 858c

3 βουλομένους κ.τ.λ.] caue ipsum Plutarchum ex Hdt. (cum
Tu., Re., Pe.) corrigas   10 ἀπιστῶν δὲ] = ποιεῖς δὲ
ταῦτα ἀπιστῶν, per ellipsin scriptum; emendatione opus non
est   21-22 ἄν . . . ἕως] 'aut ἄν delend. aut potius loco ἕως
leg. εἰ μή' Re.; sed a ipso Plutarcho negligenter scriptum esse
videtur   22 γυναικὶ B: γυβαικὶ E

ΠΕΡΙ ΤΗΣ ΗΡΟΔΟΤΟΥ ΚΑΚΟΗΘΕΙΑΣ

ταραχάς· [μεταξὺ δὲ] τῆς ᾿Αλκμαιωνιδῶν δια- (863)
βολῆς καὶ ὑπονοίας τοῖς Καλλίου τοῦ Φαινίππου
χρησάμενος ἐπαίνοις καὶ προσάψας αὐτῷ τὸν υἱὸν
Ἱππόνικον, ὃς ἦν καθ᾿ Ἡρόδοτον ἐν τοῖς πλου-
5 σιωτάτοις ᾿Αθηναίων, ὡμολόγησεν ὅτι μηδὲν τῶν
πραγμάτων δεομένων, ἀλλὰ θεραπείᾳ καὶ χάριτι
τοῦ Ἱππονίκου τὸν Καλλίαν παρ‹εν›έβαλεν.

28. ᾿Επεὶ δ᾿ ᾿Αργείους ἅπαντες ἴσασιν οὐκ
ἀπειπαμένους τοῖς Ἕλλησι τὴν συμμαχίαν, ἀξι-
10 ώσαντα‹ς› ὡς ἂν μὴ Λακεδαιμονίοις ἐχθίστοις
καὶ πολεμιωτάτοις οὖσι ποιοῦντες ἀεὶ τὸ προσ-
τασσόμενον / ἔπωνται, καὶ τοῦτ᾿ ἄλλως οὐκ ἦν, C
αἰτίαν κακοηθεστάτην ὑποβάλλεται, γράφων· ἐ-
πεὶ δέ σφεας ‹παρα›λαμβάνει‹ν› τοὺς Ἕλληνας,
15 ‹ο›ὕτω δὴ ἐπισταμένους ὅτι οὐ μεταδώσουσι
τῆς ἀρχῆς Λακεδαιμόνιοι μεταιτέειν, ἵν᾿ ἐπὶ
προφάσεως ἡσυχίαν ἄγωσι (7.150.3). τούτων
δ᾿ ὕστερον ἀναμνῆσαί φησιν ᾿Αρταξέρξην ἀνα-
βάντας εἰς Σοῦσα πρέσβεις ᾿Αργείων, κἀκεῖ-
20 νον εἰπεῖν ὡς οὐδεμίαν νομίζοι πόλιν ῎Αρ-
γεος φιλιωτέρην (7.151)· εἶθ᾿ ὑπειπὼν ὥσπερ

1 μεταξὺ δὲ τῆς ᾿Αλκμαιωνιδῶν Wy., versionem Xylandri secu-
tus: ἐν μέσῳ γὰρ τῆς ᾿Αλκμεωνιδῶν Pe. : lac. ca. 12 litt. inter
duos versus divis. + τῆς ᾿Αλκμεωνιδῶν E: τῆς ᾿Αλκμαιωνιδῶν +
lac. ca. 8 litt. in fine versus B   7 παρενέβαλεν Re.:
παρέβαλεν E B   9-10 ἀξιώσαντας Fr.: ἀξιώσαντα
EB   ἀξιώσαντας ὡς ἂν μὴ] lac. statuit Re., sed cf. KG
ii 372 cum 375.2 ; ad sensum nihil desideratur   14 πα-
ραλαμβάνειν Tu., Re., ex Hdt.: μεταλαμβάνει EB
 οἷς
15 οὕτω Tu., Re., ex Hdt.: αὐτῷ E: αὐτῷ B ·   18 ᾿Αρ-
ταξέρξην] ᾿Αρτοξέρξην Hdt.; sed cf. e.g. Alc. 37.7, Mor.
172b; Plut. et ᾿Αρτοξ. et ᾿Αρταξ. usus esse videtur

31

(863) εἴωθε καὶ ἀναδυόμενος, οὐκ εἰδέναι φησὶ (7.152)
περὶ τούτων ἀτρεκέως, εἰδέναι δ' ὅτι πᾶσιν ἀν-
θρώποις ἐστὶν ἐγκλήματα, καὶ οὐκ Ἀργείοισιν
D   αἴσχιστα πεποίη{ν}ται. ἐγὼ δὲ / λέγειν ὀφείλω
<τὰ λεγόμενα, πείθεσθαί γε μὲν οὐ παντάπασι   5
ὀφείλω>, καί μοι τὸ ἔπος τοῦτο ἐχέτω ἐς πάντα
τὸν λόγον· ἐπεὶ καὶ ταῦτα λέγεται, ὡς ἄρα Ἀργεῖοι
ἦσαν οἱ ἐπικαλεσάμενοι τὸν Πέρσην ἐπὶ τὴν Ἑλ-
λάδα, ἐπειδή σφιν πρὸς τοὺς Λακεδαιμονίους
κακῶς ἡ αἰχμὴ ἑστήκε<ι>, [πᾶν] δὴ βουλόμενοι   10
σφίσι προ{σ}εῖναι τῆς παρούσης λύπης. ἆρ' οὖν
οὐχ, ὅπερ αὐτὸς τὸν Αἰθίοπά φησι (3.20 - 22)
πρὸς τὰ μύρα καὶ τὴν πορφύραν εἰπεῖν, ὡς δολε-
ρὰ μὲν τὰ χ<ρ>ίματα δολερὰ δὲ τὰ εἵματα τῶν
Περσέων ἐστί, τοῦτ' ἄν τις εἴποι πρὸς αὐτόν, ὡς   15
E   δολερὰ μὲν τὰ ῥήματα δολε/ρὰ δὲ τὰ σχήματα
τῶν Ἡροδότου λόγων,

13-15 cf. *Mor.* 270e, 646b, Clem. Al. *Strom.* 1.48.5 et
Paed. 2.65.1 (e Plut. ut videtur)

4 πεποίηται St.: πεποίηνται EB   5-6 τὰ ... ὀφείλω
add. Tu., Am. in versione, St., ex Hdt.   10 ἑστήκει
scripsi: ἑστήκεε Tu., Xy. in versione, St., ex Hdt.: ἑστηκεν
εἰ EB; ἑστήκει in ω sine augmento ad modum Herodoti sed
cum terminatione vulgari εἰ fuisse videtur, unde errorem cum
                                                     εἰ
correctione ἑστηκεν in γ exstitisse puto, quod a scriba codicis
δ male intellectum sit   πᾶν Tu., Xy. in versione, St.,
ex Hdt.: lac. 3 litt. E, 5 B   11 προεῖναι Wy.: εἶναι
πρὸ Tu. (etiam apud Wechelium) ex Hdt.: προσεῖναι
EB   14 χρίματα Mu. fere, Chatzidakis 603 (cf. Clem. Al.
Strom. l.c.): χείματα EB; subest lapsus calami scribae mox
εἵματα scripturi; χρῖμα (sine sigma) saepius in codd. corrum-
pebatur; cf. *Mor.* 270e et 646b (χρώματα); Xenophan. 3.6,
Aesch. *Ag.* 94, Xen. *An.* 4.4.13, Aristid. ii p. 557 Dindorf
(χρημ.); Achae. apud Ath. 15.689b = *TGF* p. 747 (χριμ-
μάτων)

ἑλικτὰ κοὐδὲν ὑγιὲς ἀλλὰ πᾶν πέριξ (Eur. (863)
                                        Andr. 448),
ὥσπερ οἱ ζωγράφοι τὰ λαμπρὰ τῇ σκιᾷ τρανότερα
ποιοῦσιν, οὕτως ταῖς ἀρνήσεσι τὰς διαβολὰς ἐπι-
5 τείνοντος αὐτοῦ καὶ τὰς ὑπονοίας ταῖς ἀμφιβο-
λίαις βαθυτέρας ποιοῦντος· Ἀργεῖοι δ' ὅτι μὲν οὐ
συναράμενοι τοῖς Ἕλλησιν, ἀλλὰ διὰ τὴν ἡγεμο-
νίαν καὶ τῆς ἀρετῆς Λακεδαιμονίοις ἐκστάντες,
κατῄσχυναν {ἂν} τὸν Ἡρακλέα καὶ τὴν εὐγέ-
10 νειαν, οὐκ ἔστιν ἀντειπεῖν. ⟨ὑπὸ⟩ Σιφνίοις γὰρ
ἦν καὶ Κυθνίοις ἄμεινον ἐλευθεροῦν τοὺς Ἕλλη-
νας ἢ Σπαρτιάταις φιλον{ε}ικοῦντας ὑπὲρ ἀρχῆς
ἐγκατα/λιπεῖν τοσούτους καὶ τοιούτους ἀγῶνας. F
εἰ δ' αὐτοὶ ἦσαν οἱ ἐπικαλεσάμενοι τὸν Πέρσην
15 ἐπὶ τὴν Ἑλλάδα διὰ τὴν κακῶς ἑστῶσαν αὐτοῖς
αἰχμὴν πρὸς Λακεδαιμονίους, πῶς οὐκ ἐμήδιζον
ἀναφανδὸν ἥκοντος οὐδ', εἰ μὴ συστρατεύειν
ἐβούλοντο βασιλεῖ, τὴν γοῦν Λακωνικὴν ὑπολει-
πόμενοι κακῶς ἐποιοῦν, ἢ Θυρέας ἥπτοντο πάλιν
20 ἢ τρόπον ἄλλον ἀντελαμβάνοντο καὶ παρηνώ-
χλουν Λακεδαιμονίοις, / μέγα βλάψαι δυνάμενοι 864
τοὺς Ἕλληνας ⟨εἰ⟩ μὴ παρῆκαν εἰς Πλαταιὰς
ἐκείνους ἐκστρατεῦσαι τοσούτοις ὁπλίταις;

29. Ἀλλ' Ἀθηναίους γε μεγάλους ἐνταῦθα

---

3 Λακεδαιμονίοις E: Λακεδαιμόνιοι B   9 ἂν del.
Mu., Re.   10 οὐκ E: οὐδ' B, qui verba οὐδ' ἔστιν
ἀντειπεῖν ante κατῄσχυναν praebet   ὑπὸ add. Wy.: σὺν
add. Mu., Me.   11 Κυθνίοις B:Κυνθίοις E   12 φι-
λονικοῦντας scripsi: φιλονεικοῦντας EB; cf. ad 856a   14 αὐ-
τοί] 'fortasse delendum' Benseler, hiatus causa   22 εἰ Xy.
in versione, Du. : ἢ EB

33

(864) τῷ λόγῳ πεποίηκε καὶ σωτῆρας ἀνηγόρευκε τῆς
Ἑλλάδος, ὀρθῶς γε ποιῶν καὶ δικαίως, εἰ μὴ
πολλὰ καὶ βλάσφημα προσῆν τοῖς ἐπαίνοις. νῦν
δὲ προδοθῆναι μὲν ἂν λέγων (7.139.3-4) ὑπὸ
τῶν ἄλλων Ἑλλήνων Λακεδαιμονίους, μονω- 5
θέντας δὲ ἂν καὶ <ἀ>ποδεξαμένους ἔργα μεγάλα
ἀποθανεῖν γενναίως, ἢ πρὸ τούτου ὁρῶντας καὶ
τοὺς <ἄλλους> Ἕλληνας μηδίζοντας ὁμολογίῃ
ἂν χρήσασθαι πρὸς Ξέρξεα, δῆλός ἐστιν οὐ τοῦ-
B το{υς} λέγων εἰς τὸν Ἀθηναίων ἔπαινον, / ἀλλ' 10
Ἀθηναίους ἐπαινῶν ἵνα κακῶς εἴπῃ τοὺς ἄλλους
ἅπαντας. τί γὰρ ἄν τις ἔ<τ>ι δυσχεραίν<οι> Θη-
βαίους ἀεὶ καὶ Φωκέας πικρῶς αὐτοῦ καὶ κατα-
κόρως ἐξονειδίζοντος, ὅπου καὶ τῶν προκινδυνευ-
σάντων ὑπὲρ τῆς Ἑλλάδος τὴν οὐ <γενομένην>, 15
γενομένην δ' ἂν ὡς αὐτὸς εἰκάζ<ε>ι, καταψηφί-
ζεται προδοσίαν; αὐτοὺς δὲ Λακεδαιμονίους ἐν
ἀδήλῳ θέμενος, ἐπηπόρησεν εἴτ' ἔπεσον ἂν μα-
χόμενοι τοῖς πολεμίοις εἴτε παρέδωκαν ἑαυτούς,
μικροῖς γε νὴ Δία τεκμηρίοις αὐτῶν ἀπιστήσας 20
τοῖς περὶ Θερμοπύλας.

30. Διηγούμενος δὲ συμπεσοῦσαν ναυαγίαν

6 ἀποδεξαμένους Mu., Re. : ὑποδεξαμένους EB   8 ἄλ-
λους add. Xy. in versione, Re.   ὁμολογίῃ B : ὁμολο-
γοίη E   9-10 τοῦτο Tu. (etiam apud Wechelium):
τούτους κακῶς Re.: τούτους EB   12 ἔτι δυσχεραίνοι
Honorius, Re. (itacismum corr. Du.; cf. infra ad εἰκάζει):
ἐπιδυσχεραίνη EB   15 οὐ γενομένην Pe. 1959 267 (hac
emendatione optime explicatur haplographia): οὐ γενομένην
μέν Mu.: γενομένην μὲν οὐ Pe. l.c. et in editione: οὐ γεγενη-
μένην Re.: οὐ γεγενημένην μέν Me.: οὐ EB   16 εἰκάζει
Mu., Re.: εἰκάζοι EB, quod ex οι ad vocem δυσχεραίνῃ cor-
rigendam in margine adscriptum fortasse ortum est   20 ἀ-
πιστήσας E : ἀποστήσας B

ταῖς βασιλικαῖς ναυσὶ καὶ ὅτι πολλῶν χρημάτων (864)
ἐκπε/σόντων Ἀμεινοκλῆς ὁ Κρη<τ>ίνεω Μάγνης C
ἀνὴρ ὠφελήθη μεγάλως, χρυσί' ἄφατα καὶ
χρήματα περιβαλόμενος, οὐδὲ τοῦτο<ν> ἄδηκ-
5 τον παρῆκεν. ἀλλ' ὁ μὲν τἆλλα, φησίν (7.190),
οὐκ εὐτυχέων εὑρήμασι μέγα πλούσιος ἐγένετο·
{ τ }ἦν γάρ τις καὶ τοῦτον ἄχαρις συμ[φορὴ λυ-
πεῦσα παιδοφόνος]. τοῦτο μὲν οὖν παντ<ὶ> δῆ-
λον, ὅτι τὰ χρυσᾶ <χ>ρήματα καὶ τὰ εὑρήματα
10 καὶ τὸν ἐκβρασσόμενον ὑπὸ τῆς θαλάσσης πλοῦ-
τον ἐπεισήγαγε τῇ ἱστορίᾳ χώραν καὶ τόπον ποιῶν
ἐν ᾧ θήσεται τὴν Ἀμεινοκλέους παιδοφονίαν.

31. Ἀριστοφάνους δὲ τοῦ Βοιωτοῦ γράψαντος
(FGrH 379 fr. 5) ὅτι χρήματα μὲν αἰτήσας οὐκ
15 ἔλαβε παρὰ / Θη<β>αίων, ἐπιχειρῶν δὲ τοῖς νέοις D
διαλέγεσθαι καὶ συσχολάζειν ὑπὸ τῶν ἀρχόντων
ἐκωλύθη δι' ἀγροικίαν αὐτῶν καὶ μισολογίαν,
ἄλλο μὲν οὐδὲν ἔστι τεκμήριον· ὁ δ' Ἡρόδοτος
τῷ Ἀριστοφάνει μεμαρτύρηκε δι' ὧν τὰ μὲν
20 ψευδῶς, τὰ δὲ δι' ἀ[δικίαν], τὰ δ' ὡς μισῶν καὶ

---

2 Κρητίνεω Xy. ex Hdt.: Κρησίνεω EB, quod alibi non
exstat; Κρητ. Mor. 407f et 809b legitur   4 τοῦτον
Mu., Re.: τοῦτο EB   7 ἦν St. ex Hdt.:τὴν EB   τις
E: αἰτίαν B, e coniectura   7-8 συμφορὴ λυπεῦσα παιδοφόνος
Tu., St., fere, ex Hdt.: συμ + lac ca. 13 litt. in fine
versus E: συμ + lac. ca. 18 litt. inter duos versus divis.
B   8 παντὶ Le., Xy., St. : πάντη EB   9 χρήματα
St.: ῥήματα EB   15 παρὰ Θηβαίων Pletho, Am. in
versione, Re.: παρ' Ἀθηναίων EB   20 δι' ἀδικίαν Wy.
(cf. 865b): διὰ + lac. 8 litt. EB; Wyttenbachium verum
inuenisse puta sis, pace Tu. (διὰ κολακείαν vel δι' ἔχθραν), Am.
(δι' ἄγνοιαν), Madvigii et Cobeti (διαβόλως), Be. (διαβάλλων)

35

ΠΛΟΥΤΑΡΧΟΥ

(864) διαφερόμενος τοῖς Θηβαίοις ἐγκέκληκε. Θεσ-
σαλοὺς μὲν γὰρ ὑπ' ἀνάγκης ἀποφαίνεται
(7.172.1) μηδίσαι τὸ πρῶτον, ἀληθῆ λέγων· καὶ
περὶ τῶν ἄλλων Ἑλλήνων μαντευόμενος ὡς προ-
δόντων ἂν Λακεδαιμονίους ὑπεῖπεν ὡς οὐχ ἑκόν- 5
των ἀλλ' ὑπ' ἀνάγκης ἁλισκομένων κατὰ πόλεις
E   (7.139.3). / Θηβαίοις δὲ τῆς αὐτῆς ἀνάγκης οὐ
δίδωσι τὴν αὐτὴν συγγνώμην. καίτοι πεντακο-
σίους μὲν εἰς τὰ Τέμπη καὶ Μναμίαν στρατηγὸν
ἔπεμψαν, εἰς δὲ Θερμοπύλας ὅσους ᾔτησε Λεωνί- 10
δας, οἳ καὶ μόνοι σὺν Θεσπιεῦσι παρέμειναν
αὐτῷ, τῶν ἄλλων ἀπολιπόντων μετὰ τὴν κύκλω-
σιν. ἐπεὶ δὲ τῶν παρόδων κρατήσας ὁ βάρβαρος
ἐν τοῖς ὅροις ἦν καὶ Δημάρατος ὁ Σπαρτιάτης διὰ
ξενίας εὔνους ὢν Ἀ‹ττ›αγίνῳ τῷ προεστῶτι τῆς 15
ὀλιγαρχίας διεπράξατο φίλον βασιλέως γενέσθαι
καὶ ξένον, οἱ δ' Ἕλληνες ἐν ταῖς ναυσὶν ἦσαν,
πεζῇ δ' οὐδεὶς προσήλαυνεν, οὕτως προσεδέξαντο /
F   τὰς διαλύσεις ὑπὸ τῆς μεγάλης ἀνάγκης ἐγκα-
ταλ‹η›φθέντες. οὔτε γὰρ θάλασσα καὶ νῆες αὐ- 20
τοῖς παρῆσαν ὡς Ἀθηναίοις, οὔτ' ἀπωτάτω κα-
τῴκουν ὡς Σπαρτιᾶται τῆς Ἑλλάδος ἐν μυχῷ,
μιᾶς δ' ἡμέρας ὁδὸν καὶ ἡμισείας ἀπέχοντι τῷ
Μήδῳ συστάντες ἐπὶ τῶν στενῶν καὶ διαγωνισά-
μενοι μετὰ μόνων Σπαρτιατῶν καὶ Θεσπιέων 25
865 ἠτύχησαν. / ὁ δὲ συγγραφεὺς οὕτως ἐστὶ δίκαιος

1-3 cf. Them. 5.2   7-8 cf. Arist. 18.7   13-20 cf.
Hdt. 9.15.3-16.5

1-2 Θεσσαλοὺς] cf. ad 866e   15 Ἀτταγίνῳ Pletho, Re.:
Ἀπαγίνῳ EB   19-20 ἐγκαταληφθέντες Xy. in versione, Wy.:
ἐγκαταλειφθέντες EB   23 ὁδὸν E: ὁδῷ B

36

ὥστε Λακεδαιμονίους μὲν μονωθέντας καὶ γενο- (865)
μένους συμμάχων ἐρήμους τυχὸν ἄν φησιν (7.
139.3 - 4) ὁμολογίῃ χρή<σα>σθαι πρὸς Ξέρξεα·
Θηβαίοις δὲ ταὐτὸ διὰ τὴν αὐτὴν ἀνάγκην πα-
5 θοῦσι λοιδορεῖται. τὸ δὲ μέγιστον καὶ κάλλιστον
ἔργον ἀνελεῖν μὴ δυνηθεὶς ὡς οὐ πραχθὲν αὐτοῖς,
αἰτί<ᾳ> φαύλῃ καὶ ὑπονοίᾳ διαλυμαινόμενος ταῦτ᾽
ἔγραφεν (7.222)· οἱ μέν νυν ξύμμαχοι ἀποπεμπό-
μενοι ᾤχοντό τε ἀπιόντες καὶ ἐπείθοντο Λεωνίδῃ,
10 Θεσπιέ<ε>ς δὲ καὶ Θηβαῖοι κατέμειναν μοῦνοι
παρὰ Λακεδαιμονίοισι. τούτων δὲ Θηβαῖοι μὲν
ἀέκοντες ἔμενον καὶ οὐ βουλόμενοι — κατεῖχε
γάρ σφέες Λεωνίδης ἐν ὁμήρ<ων> λόγῳ ποιεύ-
μενος —, Θεσπιέες δὲ ἑκόντες / μάλιστα, οἳ οὐ- B
15 δαμὰ ἔφασαν ἀπολιπόντες Λεωνίδη<ν> καὶ τοὺς
μετὰ τούτου ἀπαλλάξ<ε>σθαι. εἶτ᾽ οὐ δῆλός ἐστιν
ἰδίαν τινὰ πρὸς Θηβαίους ἔχων ὀργὴν καὶ δυσμέ-
νειαν, ὑφ᾽ ἧς οὐ μόνον διέβ<αλ>ε ψευδῶς καὶ ἀδί-
κως τὴν πόλιν, ἀλλ᾽ οὐδὲ τοῦ πιθανοῦ τῆς διαβο-
20 λῆς ἐφρόντισεν, οὐδ᾽ ὅπως αὐτὸς ἑαυτῷ τἀναντία
λέγων <πᾶσι> παρ᾽ ὀλίγους ἀνθρώπο<ι>ς οὐ φα-

1-3 cf. supra 864a   10 Θεσπιέες] cf. Diod. Sic. 11.9.2

3 χρήσασθαι Cobet (cl. Hdt.; cuius verba etiam 864a exstant):
χρῆσθαι EB   7 αἰτίᾳ Wy., cuius haesitationem non
intelligo: αἰτίῃ EB, manifesto errore scribae qui ὁμολογίῃ
paulo ante scripserat   10 Θεσπιέες Tu., Du. (cf.
formam Herodoteam infra): Θεσπιεῖς EB   13 ὁμή-
ρων Tu., Xy., St.: ὁμήρου EB; cf. infra ad c   15 Λεω-
νίδην Tu., St.: Λεωνίδη EB   16 ἀπαλλάξεσθαι St.:
ἀπαλλάξασθαι EB   18 διέβαλε Le., St.: διέβλαψε EB
21 πᾶσι παρ᾽ ὀλίγους ἀνθρώποις Herwerden 1909 (cum
παρ᾽ ὀλίγους = 'paucis exceptis'; cf. e.g. Cat. Mi. 20.8): παρ᾽

(865) νεῖται συνειδώς; προειπὼν (7.220.2) γὰρ ὡς ὁ
Λεωνίδης, ἐπείτ᾽ ᾔσθετο τοὺς συμμάχους ἐόντας
ἀπροθύμους καὶ οὐκ ἐθέλοντας συγκινδυνεύειν,
κελεύσα‹ι› σφέας ἀπαλλάττεσθαι, πάλιν μετ᾽
ὀλίγον λέγει (7.222) τοὺς Θηβαίους ἄκοντας / 5
C αὐτὸν κατασχεῖν, οὓς εἰκὸς ἦν ἀπελάσαι καὶ {μὴ}
βουλομένους παραμένειν εἰ μηδίζειν αἰτίαν
εἶχον. ὅπου γὰρ οὐκ ἐδεῖτο τῶν μὴ προθύμων, τί
χρήσιμον ἦν ἀναμεμίχθαι μαχομένοις ἀνθρώπους
ὑπόπτους; οὐ γὰρ δὴ φρένας εἶχε τοιαύτας ὁ τῶν 10
Σπαρτιατῶν βασιλεὺς καὶ τῆς Ἑλλάδος ἡγεμὼν
ὥστε κατέχειν ἐν ὁμήρων λόγῳ τοῖς τριακοσίοις
τοὺς τετρακοσίους ὅπλ᾽ ἔχοντας καὶ προσκειμέ-
νων ἔμπροσθεν ἤδη καὶ ὄπισθεν ἅμα τῶν πολεμί-
ων. καὶ γὰρ εἰ πρότερον ἐν ὁμήρων λόγῳ ποιού- 15
μενος ἦγεν αὐτούς, ἔν γε τοῖς ἐσχάτοις εἰκὸς ἦν
D καιροῖς ἐκείνους τε Λεωνίδα μηδὲν / φροντίσαν-
τας ἀπαλλαγῆναι καὶ Λεωνίδαν δεῖσαι τὴν ὑπ᾽
ἐκείνων μᾶλλον ἢ τῶν βαρβάρων κύκλωσιν. ἄνευ
δὲ τούτων, πῶς οὐ γελοῖος ὁ Λεωνίδας τοὺς μὲν 20
ἄλλους Ἕλληνας ἀπ‹ιέ›ναι κελεύων ὡς αὐτίκα

ὀλίγου ⟨πάντα⟩ς ἀνθρώπους Russell (per ep.), cl. e.g. Plat. Tht.
144a (cf. etiam LSJ s.v. παρά C.I.7): παρ᾽ ὀλίγοις ἀνθρώποις
Pe. falso (verba οὐδὲ...οὐ non obstant cum interdum
'neque...non' significent; cf. KG ii 205; sed παρ᾽ abundat):
παρ᾽ ὀλίγους ἀνθρώπους EB

---

4 κελεύσαι Re.: κελεύσας EB   6 μὴ del. Fr.
12 et 15 ὁμήρων E: ὁμήρου B; cf. supra ad a; post paucos versus
etiam B rectum praebet   21 ἀπιέναι Xy. in versione,
Re: ἀπεῖναι EB

μάλα τεθνηξόμενο{υ}ς, Θηβαίους δὲ κωλύων ὡς (865)
ὑπ' αὐτοῦ φυλάττοιντο τοῖς "Ελλησιν ἀποθνή-
σκειν μέλλοντος· εἰ γὰρ ὡς ἀληθῶς ἐν ὁμήρων
λόγῳ, μᾶλλον δ' ἀνδραπόδων, περιῆγε τοὺς ἄν-
5 δρας, οὐ κατέχειν ὤφειλεν αὐτοὺς μετὰ τῶν ἀπο-
λ<ο>υμένων, ἀλλὰ παραδοῦναι τοῖς ἀπιοῦσι τῶν
'Ελλήνων. ὃ δὲ λοιπὸν ἦν τῶν αἰτίων εἰπεῖν· ἴσως
δ' ἀπολουμέν<ους> κατεῖχε, καὶ / τοῦτ' ἀνῄρη- E
κεν ὁ συγγραφεὺς οἷς περὶ τῆς φιλοτιμίας τοῦ
10 Λεωνίδου κατὰ λέξιν [εἴρηκε] (7.220.4) ταῦτα
δὲ δὴ ἐπιλεγόμενον Λεωνίδεα καὶ βουλόμενον
καταθέσθαι κλέος μούνων Σπαρτιητέων ἀποπέμ-
ψαι τοὺς συμμάχους μᾶλλον ἢ τῇσι γνώμῃσι διε-
νεχθέντας. ὑπερβολὴ γὰρ εὐηθείας ἦν, ἧς ἀπή-
15 λαυνε δόξης τοὺς συμμάχους κατέχειν μεθέξοντας
τοὺς πολεμίους. ὅτι τοίνυν οὐ διεβέβλητο τοῖς
Θηβαίοις ὁ Λεωνίδας, ἀλλὰ καὶ φίλους ἐνόμιζε
βεβαίους, ἐκ τῶν πεπραγμένων δῆλόν ἐστι. καὶ
γὰρ παρῆλθεν εἰς Θήβας ἄγων τὸ στράτευμα καὶ
20 δεηθεὶς ἔτυχεν οὗ μηδὲ εἷς ἄλλος, ἐν τῷ ἱερῷ
κατακοιμηθῆναι τοῦ 'Ηρακλέους, καὶ τὴν ὄ/ψιν F
ἣν εἶδεν ὄναρ ἐξήγγειλε τοῖς Θηβαίοις· ἔδοξε γὰρ
ἐν θαλάσσῃ πολὺν ἐχούσῃ καὶ τραχὺν κλύδωνα
τὰς ἐπιφανεστάτας καὶ μεγίστας πόλεις τῆς 'Ελ-
25 λάδος ἀνωμάλως διαφέρεσθαι καὶ σαλεύειν, τὴν

1 τεθνηξόμενος Le. (etiam apud Wy)., Tu. (etiam apud
Wechelium): τεθνηξομένους EB   5-6 ἀπολουμένων Re.:
ἀπολλυμένων EB; v. notam proximam   8 ἀπολου-
μένους Tu. (etiam apud Wechelium) : ἀπολουμένων EB;
'Annotatiuncula haec videtur in margine a correctore ad
illud superius ἀπολλυμένων posita' (Wy.)   10 εἴρηκε
(vel γράφει) Xy.: lac. 8 litt. E, 10 B

39

ΠΛΟΥΤΑΡΧΟΥ

(865) δὲ Θηβαίων ὑπερέχειν τε πασῶν καὶ μετέωρον
ἀρθῆναι πρὸς τὸν οὐρανὸν εἶτ' ἐξαίφνης ἀφανῆ
γενέσθαι· καὶ ταῦτα μὲν ἦν ὅμοια τοῖς ὕστερον
χρόνῳ πολλῷ συμπεσοῦσι περὶ τὴν πόλιν. |

866   32. Ὁ δ' Ἡρόδοτος ἐν τῇ διηγήσει τῆς μάχης 5
καὶ τοῦ Λεωνίδου τὴν μεγίστην ἡμαύρωκε πρᾶ-
ξιν, αὐτοῦ πεσεῖν πάντας εἰπὼν ἐν τοῖς στενοῖς
περὶ τὸν Κολωνὸν (7.225.2 - 3)· ἐπράχθη δ' ἄλ-
λως. ἐπεὶ γὰρ ἐπύθοντο νύκτωρ τὴν περίο-
δον τῶν πολεμίων, ἀναστάντες ἐβάδιζον ἐπὶ τὸ 10
στρατόπεδον καὶ τὴν σκηνὴν ὀλίγου δεῖν βασι-
λέως, ὡς ἐκεῖνον αὐτὸν ἀποκτενοῦντες καὶ περὶ
ἐκείνῳ τεθνηξόμενοι· μέχρι μὲν οὖν τῆς σκηνῆς
ἀεὶ τὸν ἐμποδὼν φονεύοντες, τοὺς δ' ἄλλους
τρεπόμενοι προῆλθον· ἐπεὶ δ' οὐχ ηὑρίσκετο Ξέρ- 15
ξης, ζητοῦντες ἐν μεγάλῳ καὶ ἀχανεῖ στρατεύ-
ματι καὶ πλανώμενοι μόλις ὑπὸ τῶν βαρβάρων
B   παν|ταχόθεν περιχυθέντων διεφθάρησαν. ὅσα
δ' ἄλλα πρὸς τούτῳ τολμήματα καὶ ῥήματα τῶν
Σπαρτιατῶν καταλέλοιπεν, ἐν τῷ Λεωνίδου βίῳ 20
γραφήσεται· μικρὰ δ' οὐ χεῖρόν ἐστι καὶ νῦν διελ-
θεῖν. ἀγῶνα μὲν γὰρ ἐπιτάφιον αὐτῶ‹ν› ἠγωνί-
σαντο πρὸ τῆς ἐξόδου καὶ τοῦτον ἐθεῶντο πατέ-
ρες αὐτῶν καὶ μητέρες· αὐτὸς δ' ὁ Λεωνίδας πρὸς

9-18 cf. Diod. Sic. 11.9.4-10.4, Iustin. 2.11.5-18

11 ὀλίγου δεῖν] non interpolatum (ut Re.), sed a Plut.
negligenter scriptum   20 καταλέλοιπεν] παραλέλοιπεν Wy.,
sed cf. codd. plerosque *Mor.* 29c ('Rarius, probum tamen,
est' Wy.) et LSJ s.v. καταλείπω III. 2. c   22 αὐτῶν Russell:
αὑτῶν Le. (etiam apud Wy.), Tu. (etiam apud Wechelium),
Am. in versione, Benselero hiatus causa probante: αὐτῷ EB

40

μὲν τὸν εἰπόντα παντελῶς ὀλίγους ἐξάγειν αὐτὸν (866)
ἐπὶ τὴν μάχην, πολλοὺς μέν, ἔφη, τεθνηξομένους.
πρὸς δὲ τὴν γυναῖκα, πυνθανομένην ἐξιόντος εἴ
τι λέγοι μεταστραφεὶς εἶπεν· ἀγαθοῖς γαμεῖσθαι
5 κἀγαθὰ τίκτειν. ἐν δὲ Θερμοπύλαις μετὰ τὴν /
κύκλωσιν δύο τῶν ἀπὸ γένους ὑπεξελέσθαι βουλό- C
μενος, ἐπιστολὴν ἐδίδου ‹θα›τέρῳ καὶ ἔπεμπεν·
ὁ δ᾽ οὐκ ἐδέξατο φήσας μετ᾽ ὀργῆς· μαχατάς τοι,
οὐκ ἀγγελιαφόρος, εἰπόμαν. τὸν δ᾽ ἕτερον ἐκέ-
10 λευεν εἰπεῖν τι πρὸς τὰ τέλη τῶν Σπαρτιατῶν· ὁ
δ᾽ ἀπεκρίνατο· ‹. . .› τὰ πράγματα, καὶ τὴν ἀσπί-
δα λαβὼν εἰς τάξιν κατέστη· ταῦτ᾽ οὐκ ἄν τις
ἐπετίμησεν ἄλλου παραλιπόντος· ὁ δὲ τὴν Ἀμάσι-
δος ἀποψόφησιν (2.162.3) καὶ τὴν τῶν ὄνων τοῦ
15 κλέπτου προσέλ‹α›σιν καὶ τὴν τῶν ἀσκῶν ἐπί-
δοσιν (2.121.δ) καὶ πολλὰ τοιαῦτα συναγαγὼν
καὶ διαμνημονεύων, οὐκ ἀμελείᾳ δόξειεν ἂν καὶ
ὑπεροψίᾳ προΐεσθαι καλὰ μὲν / ἔργα καλὰς δὲ D
φωνάς, ἀλλ᾽ οὐκ εὐμενὴς ὢν πρὸς ἐνίους οὐδὲ δί-
20 καιος.

33. Τοὺς δὲ Θηβαίους πρῶτο‹ν› μέν φησι
(7.233.1) μετὰ τῶν Ἑλλήνων ἐόντας μάχεσθαι
ὑπ᾽ ἀνάγκης ἐχομένους· οὐ γὰρ μόνον Ξέρξης, ὡς

1-2 cf. *Mor.* 225a-b (nn. 3, 8, 9)   3-5 cf. *Mor.* 225a,
240e   5-12 cf. *Mor.* 221c-d, 225d-e

2 μὲν] μὲν οὖν Pletho, Cobet   7 θατέρῳ Re., Ben-
selero hiatus causa probante: ἑτέρῳ EB   11 non cor-
rectione sed supplemento hic opus esse Pe. *1959* 367 sq.
recte monet, supplementum autem minus aptum profert,
cum verba τὰ πράγματα responsum e *Mor.* 225e colligi non
posse demonstrent   15 προσέλασιν Le., St.: προσέλευ-
σιν EB   16 πολλὰ] ἄλλα πολλὰ Re.: πόλλ᾽ ἄλλα
Be.   21 πρῶτον Fr.: πρῶτος EB

41

(866) ἔοικεν, ἀλλὰ καὶ Λεωνίδας μαστιγοφόρους εἶχεν
ἑπομένους, ὑφ' ὧν οἱ Θηβαῖοι παρὰ γνώμην ἠναγ-
κάζοντο μαστιγούμενοι μάχεσθαι. καὶ τίς ἂν ὠμό-
τερος τούτου γένοιτο συκοφάντης, ὃς μάχεσθαι
μὲν ὑπ' ἀνάγκης φησὶ τοὺς ἀπελθεῖν καὶ φεύγειν   5
δυναμένους, μηδίσαι δ' ἑκόντας οἷς οὐδεὶς παρῆν
βοηθῶν; ἑξῆς δὲ τούτοις γέγραφεν (7.233.1 - 2)
ὅτι τῶν ἄλλων ἐπειγομένων ἐπὶ τὸν Κολωνὸν ἀπο-
σχιθέντες οἱ Θηβαῖοι χεῖράς τε προέτειναν καὶ
E ἦσαν ἆσσον | τῶν βαρβάρων, λέγοντες τὸν ἀλη-   10
θέστατον τῶν λόγων, ὡς μηδίσειαν καὶ γῆν τε
καὶ ὕδωρ ἔδοσαν βασιλεῖ, ὑπὸ δὲ ἀνάγκης ἐχόμε-
νοι εἰς Θερμοπύλας ἀπικέατο καὶ ἀναίτιοι εἶεν τοῦ
τρώματος τοῦ γενομένου βασιλεῖ. ταῦτα λέγον-
τες περιεγένοντο· εἶχον γὰρ καὶ Θεσσαλοὺς τού-   15
των τῶν λόγων μάρτυρας. ὅρα διὰ τοσούτων ἐν
βαρβάροις κραυγαῖς καὶ παμμιγέσι θορύβοις καὶ
φυγαῖς καὶ διώξεσιν ἀκουομένην δικαιολογίαν καὶ
μαρτύρων ἀνάκρισιν καὶ Θε<ττ>αλοὺς μεταξὺ
τῶν φονευομένων καὶ πατουμένων ὑπ' ἀλλήλων   20
παρὰ τὰ στενὰ Θηβαίοις συνδικοῦντας ὅτι τῆς
F Ἑλλάδος αὐτοὺς κρατοῦν|τας ἄχρι Θεσπιέων

3 μαστιγούμενοι] del. Cobet, ipsum Plutarchum corrigens ut
videtur   5 φεύγειν] φυγεῖν Herwerden 1909   9-13 προ-
έτειναν...μηδίσειαν...ἀπικέατο] caue ipsum Plutarchum cum
Tu. aliisque ex Hdt. corrigas   18 καὶ (post φυγαῖς) B:
om. E   19 Θετταλοὺς scripsi: Θεσσαλοὺς EB. quamquam
Plut. utraque forma usus esse videtur (v. locos in indicibus
editionum citatos), eum in hoc opusculo σσ non usurpasse
nisi Herodotum exscribentem puto; in codd. ergo ττ recte
scriptum est 859d, 866f (inter duos errores), 868b, cum
866e-f (bis) et 868c-e (quater) verba Herodoti antecedentia
scribam confunderent. cf. quae de 'Αλκμαι./'Αλκμε. ad 862d
dixi

ἔναγχος ἐξήλασαν μάχῃ π‹ε›ρ‹ι›γενόμενοι καὶ (866)
τὸν ἄρχοντα Λατταμύαν ἀποκτείναντες. ταῦτα.
γὰρ ὑπῆρχε Βοιωτοῖς τότε καὶ Θετταλοῖς πρὸς
ἀλλήλους, ἐπιεικὲς δὲ καὶ φιλάνθρωπον οὐδέν.
5 ἀλλὰ δὴ τῶν Θε‹ττ›αλῶν μαρτυρούντων, πῶς
περιεγένοντο Θηβαῖοι; τοὺς μὲν αὐτῶν ἀπέκτει-
ναν οἱ βάρβαροι προσιόντας, ὡς αὐτὸς εἴρηκε
(7.233.2), τοὺς δὲ {τι} πλεῦνας κελεύσαντος Ξέρ-
ξεω ἔστιξαν στίγματα βασιλήια, ἀρξάμενοι ἀπὸ
10 τοῦ στρατηγοῦ Λεοντιάδεω. | οὔτε Λεοντιάδης 867
ἐν Θερμοπύλαις ἦν στρατηγός, ἀλλ᾽ ᾽Ανάξαν-
δρος, ὡς ᾽Αριστοφάνης ἐκ τῶν κατ᾽ ἄρχοντας ὑπο-
μνημάτων ἱστόρησε (FGrH 379 fr. 6) καὶ Νίκαν-
δρος ὁ Κολοφώνιος (FGrH 271/2 fr. 35), οὔτε
15 γινώσκει τις ἀνθρώπ‹ων› πρὸ ῾Ηροδότου στιχ-
θέντας ὑπὸ Ξέρξου Θηβαίους. ἐπεὶ μέγιστον
ἦν ἀπολόγημα τῆς διαβολῆς καὶ καλῶς εἶχε τὴν
πόλιν ἀγάλλεσθαι τοῖς στίγμασιν ἐκείνοις, ὡς
Ξέρξου δικάσαντος ἐχθίστοις χρήσασθαι Λεωνίδῃ
20 καὶ Λεοντιάδῃ· τοῦ μὲν γὰρ ἠκίσατο πεπτωκότος
τὸ σῶμα, τοῦ δὲ ζῶντος ἔστιξεν. ὁ δὲ τὴν μὲν εἰς
Λεωνίδαν ὠμότητα δήλωμα ποιούμενος ὅτι μά-
λιστα δὴ ἀνδρῶν ὁ βάρβαρος ἐθυμώθη | ζῶντι B

1-2 cf. *Cam.* 19.4

1 περιγενόμενοι Xy. in versione, Re.: παραγενόμενοι EB
2 Λατταμύαν E (cf. *Cam.* 19.4): Λατταμίαν B   5 Θετ-
ταλῶν] v. ad 866e   8 δὲ Re.: δέ τι E: δ᾽ ἔτι
B   10 οὔτε] ἀλλ᾽ οὔτε Re.: οὔτε δέ Reeve (priva-
tim)   15 ἀνθρώπων Le., St.: ἀνθρώπους EB   πρὸ]
πλὴν Mu., Herwerden 1909, ipsum Plutarchum corrigen-
tes   23 ἀνδρῶν] Benseler hiatum illicitum recte anima-
duertit, sed in τῶν ἀνδρῶν vix feliciter emendauit: πάντων
ἀνδρῶν Reeve (privatim)

(867) Λεωνίδη, Θηβαίους δὲ καὶ μηδίζοντας λέγων ἐν
Θερμοπύλαις στιχθῆναι καὶ στιχθέντας αὖθις ἐν
Πλαταιαῖς μηδίζειν προθύμως, δοκεῖ μοι, κα-
θάπερ Ἱπποκλείδης ὁ τοῖς σκέλεσι χειρονομῶν
ἐπὶ τῆς τραπέζης, εἰπεῖν ἂν ἐξορχούμενος τὴν 5
ἀλήθειαν· οὐ φροντὶς Ἡροδότῳ.

34. Ἐν δὲ τῇ ὀγδόῃ τοὺς Ἕλληνάς φησι
(8.4 - 5) καταδειλιάσαντας ἀπὸ τοῦ Ἀρτεμι-
σίου δρησμὸν βουλεύεσθαι ἔσω εἰς τὴν Ἑλλάδα,
καὶ τῶν Εὐβοέων δεομένων. ὀλίγον ἐπιμεῖναι χρό- 10
νον ὅπως ὑπεκθοῖντο γενεὰς καὶ τὸ οἰκετι-
κόν, ὀλιγωρεῖν, ἄχρι οὗ Θεμιστοκλῆς ἀργύ-
ριον λαβὼν Εὐρυβιάδῃ τε μετέδωκε καὶ Ἀδει-
C μάντῳ τῷ | Κορινθίων στρατηγῷ· τότε δὲ μεῖναι
καὶ διαναυμαχῆσαι πρὸς τοὺς βαρβάρους. ὁ μὲν 15
Πίνδαρος, οὐκ ὢν συμμάχου πόλεως ἀλλὰ μηδί-
ζειν αἰτίαν ἐχούσης, ὅμως τοῦ Ἀρτεμισίου μνη-
σθεὶς ἐπιπεφώνηκεν (fr. 77 Snell = 65 Bowra)·
ὅθι παῖδες Ἀθ⟨α⟩ναίων ἐβάλ⟨λ⟩οντο φαεννὰν
κρηπῖδ' ἐλευθερίας. 20

Ἡρόδοτος δ', ὑφ' οὗ κεκοσμῆσθαί τινες ἀξιοῦσι
τὴν Ἑλλάδα, δωροδοκίας καὶ κλοπῆς ἔργον ἀπο-
φαίνει τὴν νίκην ἐκείνην γενομένην καὶ τοὺς Ἑλ-

3-6 cf. Hdt. 6.129.4   7-15 cf. Them. 7.5-6
19-20 exstat etiam Mor. 350a (παῖδες κ.τ.λ.), 552b (ὅθι παῖδες
κ.τ.λ.), Them. 8.2 (ὅτι παῖδες κ.τ.λ.); et cf. Aristid. ii p. 251
Dindorf

12 ἄχρι E: ἄχρις B; forma ab Hdt. alibi usurpata usus
est Plut., pace Hansenii 1968 180   19 ὅθι B: ὡς οἱ E;
cf. Hansenium 1969 4 sq.   Ἀθαναίων Boeckh: Ἀθη-
ναίων EB (ut etiam Mor. 350a, 552b, Them. 8.2 exstat)
ἐβάλοντο St. (cf. ceteros locos): ἐβάλλοντο EB
φαεννὰν E (ut etiam Mor. 552b, Them. 8.2) : φαενὰν B

ληνας ἀκουσίως ἀγωνισαμένους, ὑπὸ τῶν στρα- (867)
τηγῶν ἐξαπατηθέντας ἀργύριον λαβόντων. καὶ
τοῦτο πέρας οὐ γέγονεν αὐτῷ τῆς κακοηθείας·
ἀλλὰ πάντες μὲν ἄνθρωποι / σχεδὸν ὁμολογοῦσι D
5 ταῖς ναυμαχίαις αὐτόθι κρατοῦντας τοὺς Ἕλλη-
νας ὅμως ὑφέσθαι τοῦ Ἀρτεμισίου τοῖς βαρβά-
ροις, τὰ περὶ Θερμοπύλας ἀκούσαντας· οὐδὲ γὰρ
ἦν ὄφελος ἐνταῦθα καθημένους φρουρεῖν τὴν θά-
λασσαν, ἐντὸς Πυλῶν τοῦ πολέμου γεγονότος καὶ
10 Ξέρξου τῶν παρόδων κρατοῦντος. Ἡρόδοτος δέ,
πρὶν ἀπαγγελῆναι τὸν Λεωνίδου θάνατον, ἤδη
ποιεῖ τοὺς Ἕλληνας βουλευομένους ἀποδιδρά-
σκειν· λέγει δ’ οὕτως (8.18)· τρηχέως δὲ περι-
ε<φ>θέντες, καὶ οὐκ ἥκιστα Ἀθηναῖοι τῶν αἱ ἡμί-
15 σειαι τῶν νεῶν τετρωμέναι ἦσαν, δρησμὸν ἐβού-
λευον εἰς τὴν Ἑλλάδα. καίτοι τὴν πρὸ τοῦ ἀγῶνος
ἀ/ναχώρησιν οὕτως ὀνομάσαι, μᾶλλον δ’ ὀνειδί- E
σαι, δεδόσθω· ὁ δὲ καὶ πρότερον δρασμὸν εἶπε
καὶ νῦν δρασμὸν ὀνομάζει καὶ μετ’ ὀλίγον πάλιν
20 ἐρεῖ δρασμόν — οὕτω πικρῶς τῷ ῥήματι προσπέ-
φυκε — (8.23.1)· τοῖσ<ι> δὲ βαρβάροισιν αὐτίκα
μετὰ ταῦτα πλοίῳ ἦλθεν ἀνὴρ Ἑστιαιεὺς ἀγγέλ-
λων τὸν δρησμὸν τὸν <ἀπ’> Ἀρτεμισίου τὸν τῶν
Ἑλλήνων· οἱ δὲ ὑπ’ ἀπιστίης τὸν μὲν ἀγγέλλοντα

2-7 cf. *Them.* 9.1, Isoc. 4.92, Diod. Sic. 11.13.3

1 ἀγωνισαμένους B: ἀγωνισαμένοις E   3 πέρας B: τὸ
                                                             η
πέρας E   13 τρηχέως E: τριχέως B; cf. Hansenium
1969 7 not. 25   13-14 περιεφθέντες Re. ex Hdt.: πε-
ριερχθέντες E: περιενεχθέντες B   15-16 ἐβούλευον E:
ἐβουλεύοντο B   21 τοῖσι Spang-Hanssen (cl. βαρβάροι-
σιν): τοῖς EB   22 Ἑστιαιεὺς] forma Plutarchi
23 ἀπ’ add. Tu., Xy.   τὸν τῶν E, ut codd. Herodoti
CP: τὸν τὸν B   24 ὑπ’ B: ἀπ’ E

45

(867) εἶχον ἐν φυλακῇ, νέας δὲ ταχείας ἀπέστειλαν προ-
κατοψομένας. τί σὺ λέγεις; ἀποδιδράσκειν ὡς κε-
κρατημένους οὓς οἱ πολέμιοι μετὰ τὴν μάχην
ἀπιστοῦσι φεύγειν ὡς πολὺ κρατοῦντας; εἶτα
πιστεύειν ἄξιον τούτῳ γράφοντι περὶ ἀνδρὸς ἢ 5
F πό/λεως μιᾶς, ὃς ἑνὶ ῥήματι τὸ νίκημα τῆς Ἑλλά-
δος ἀφαιρεῖται καὶ τὸ τρόπαιον καθαιρεῖ καὶ τὰς
ἐπιγραφὰς ἃς ἔθεντο παρὰ τῇ Ἀρτέμιδι τῇ Προσ-
[ηῴα] κόμπον ἀποφαίνει καὶ ἀλαζονείαν; ἔχει δ' οὕ-
τως τοὐπίγραμμα (Simon. fr. 135 Bergk = 109 Diehl)· 10

πανταδαπῶν ἀνδρῶν γενεὰς Ἀσίας ἀπὸ χώρας
παῖδες Ἀθηναίων τῷδέ ποτ' ἐν πελάγει
ναυμαχίᾳ δαμάσαντες, ἐπεὶ στρατὸς ὤλετο Μήδων,/
868 σήματα ταῦτ' ἔθεσαν παρθένῳ Ἀρτέμιδι.

ἐν μὲν οὖν ταῖς μάχαις οὐκ ἔταξε τοὺς Ἕλληνας 15
οὐδ' ἐδήλωσεν ἣν ἑκάστη πόλις ἔχουσα χώραν
ἐναυμάχησε, κατὰ δὲ τὸν ἀπόπλουν, ὃν αὐτὸς δρασ-
μὸν προσαγορεύει, πρώτους φησὶ Κορινθίους
πλεῖν, ὑστάτους δ' Ἀθηναίους (8.21.2).

35. Ἔδει μὲν οὖν μηδὲ τοῖς μηδίσασιν Ἑλλή- 20
νων· ἄγαν ἐπεμβαίνειν, καὶ ταῦτα Θούριον μὲν
ὑπὸ τῶν ἄλλων νομιζόμενον, αὐτὸν δ' Ἁλικαρ-
νασσέων περιεχόμενον, οἳ Δωριεῖς ὄντες μετὰ τῆς

11-14 etiam *Them.* 8.5 exstat   23 sq. verba ad Arte-
misiam spectant; cf. 869f-870a

1-2 προκατοψομένας B: προσκατοψομένας E   8-9 προ-
σηῴα Xy. e *Them.* 8.4 (cf. etiam *IG* xii.9.1189): πρὸς + lac.
4 litt. E, 7 B   20 μηδίσασιν E: μειδίσασιν B; cf.
Hansenium *1969* 15   22 νομιζόμενον] ὀνομαζόμενον
Cobet, ipsum Plutarchum corrigens   22-23 Ἁλικαρ-
νασσέων E: Ἁλικαρνασέων B

ΠΕΡΙ ΤΗΣ ΗΡΟΔΟΤΟΥ ΚΑΚΟΗΘΕΙΑΣ

γυναικωνίτιδος ἐπὶ τοὺς "Ελληνας ἐστράτευσαν. (868)
ὁ δὲ τοσοῦτον ἀποδεῖ τοῦ πρ<α>ότερον ὀνομάζειν
τὰς τῶν μηδισάντων ἀνάγκας ὥστε περὶ / Θετ- B
ταλῶν διηγησάμενος (8.29 - 30) ὅτι Φωκεῦσιν,
5 ἐχθροῖς καὶ πολεμίοις οὖσι, προσέπεμψαν ἐπαγ-
γελλόμενοι τὴν χώραν αὐτῶν ἀβλαβῆ διαφυλά-
ξειν εἰ πεντήκοντα τάλαντα μισθὸν λάβοιεν, ταῦ-
τα περὶ Φωκέων γέγραφεν αὐτοῖς ὀνόμασιν· οἱ
γὰρ Φωκεῖς μοῦνοι τῶν ταύτῃ ἀνθρώπων οὐκ
10 ἐμήδιζον, [κατ' ἄλλο μὲν οὐδέν, ὡς] ἐγὼ συμ-
βαλλόμενος εὑρίσκω, κατὰ δὲ τὸ <ἔ>χθος τὸ Θεσ-
σαλῶν. εἰ δὲ Θεσσαλοὶ τὰ 'Ελλήνων ηὖξο{υ}ν,
ὡς ἐμοὶ δοκεῖ, ἐμήδιζον ἂν οἱ Φωκεῖς. καίτοι με-
τὰ μικρὸν αὐτὸς ἐρεῖ (8.32 - 33) τρισκαίδεκα
15 πόλεις τῶν Φωκέων ὑπὸ τοῦ βαρβάρου κατακε-
καῦσθαι, διεφθάρθαι τὴν χώραν, ἐμπεπρῆσθαι τὸ /
ἐν "Α{μ}β{ρ}αις ἱερόν, ἄνδρας ἀπολωλέναι καὶ C
γυναῖκας ὅσοι μὴ διαφυγόντες ἔφθησαν εἰς τὸν
Παρνασόν. ἀλλ' ὅμως τοὺς τὰ ἔσχατα παθεῖν
20 ἐπὶ τῷ μὴ προέσθαι τὸ καλὸν ὑπομείναντας εἰς
τὴν αὐτὴν ἔθετο κακίαν τοῖς προθυμότατα μηδί-
σασι· καὶ τὰ ἔργα τῶν ἀνδρῶν ψέξαι μὴ δυνηθείς,
αἰτίας ἐκάθητο φαύλας καὶ ὑπονοίας ἐπὶ τοῦ γρα-

2 πραότερον Emperius: πρότερον EB   10 κατ' ἄλλο
μὲν οὐδέν, ὡς Tu., Xy. in versione, St., ex Hdt.: lac. ca. 18
litt. in fine versus E, ca. 19 B   11 ἔχθος Le., Lascaris,
Xy. in versione, St., ex Hdt.: ἄχθος EB   12 ηὖξον
Mu., Du.: ηὖξουν EB   13 Φωκεῖς B: Φωκεεῖς E
14 τρισκαίδεκα B: τρεισκαίδεκα E; ceterum numerus error
Plutarchi pro δώδεκα est (cf.869a)   17 "Αβαις Fr. :
"Αμβραις EB   23 sq. ἐπὶ τοῦ γραφείου] cum ἐκάθητο
coniungendum ('he sat with his pen' Pe.); emendatione
opus non est

47

(868) φείου συντιθεὶς κατ' αὐτῶν καὶ κελεύων, οὐκ ἀφ'
ὧν ἔπραξαν, ⟨ἀλλ' ἀφ' ὧν ἔπραξαν ἂν⟩ εἰ μὴ
ταῦτα Θε⟨ττ⟩αλοῖς ἔδοξε, κρίνεσθαι τὴν διάνοιαν
αὐτῶν, ὥσπερ χώρας ἀντειλημμένης ὑφ' ἑτέρων
τῆς προδοσίας ἀπολειφθέντας. εἰ τοίνυν Θε⟨ττ⟩α- 5
D λούς τις ἐπιχειρεῖ τοῦ μη/δισμοῦ παραιτεῖσθαι,
λέγων ὡς οὐ ταῦτ' ἐβούλοντο, τῇ δὲ πρὸς Φωκέας
διαφορᾷ τοῖς Ἕλλησι προστιθεμένους ὁρῶντες
αὐτοὶ παρὰ γνώμην ἐμήδισαν, ἆρ' οὐκ ἂν αἴσχι-
στα κολακεύειν ἔδοξε καὶ πρὸς ἑτέρων χάριν αἰ- 10
τίας χρηστὰς ἐπὶ πράγμασι φαύλοις πορίζων δια-
στρέφειν τὴν ἀλήθειαν; ἐγὼ μὲν οἶμαι. πῶς οὖν
οὐ περιφανέστατα δόξει συκοφαντεῖν ὁ μὴ δι'
ἀρετὴν τὰ βέλτιστα Φωκεῖς ἑλομένους ἀποφαινό-
μενος, ἀλλ' ὅτι τἀναντία Θε⟨ττ⟩αλοὺς ἔγνωσαν 15
φρονοῦντας; οὐδὲ γὰρ εἰς ἑτέρους, ὥσπερ εἴωθεν,
ἀνάγει τὴν διαβολὴν ἀκηκοέναι λέγων. ἀλλ' αὐτὸς
E εὑρίσκειν συμβαλλόμενος. εἰπεῖν | οὖν ἔδει τὰ
τεκμήρια δι' ὧν ἐπείσθη τοὺς ὅμοια πράττοντας
τοῖς ἀρίστοις ταὐτὰ τοῖς φαυλοτάτοις διανοηθῆ- 20
ναι. τὸ γὰρ τῆς ἔχθρας γελοῖόν ἐστιν· οὔτε γὰρ
Αἰγινήτας ἐκώλυσεν ἡ πρὸς Ἀθηναίους διαφορὰ
καὶ Χαλκιδεῖς ἡ πρὸς Ἐρετριέας καὶ Κορινθίους
ἡ πρὸς Μεγαρέας τῇ Ἑλλάδι συμμαχεῖν· οὐδ' αὖ
πάλιν Θε⟨ττ⟩αλοὺς μηδίζοντες οἱ πολεμιώτατοι 25

22 Αἰγινήτας] cf. e.g. Hdt. 7.145.1   23 Χαλκιδεῖς] cf.
e.g. Hdt. 5.99   Κορινθίους] cf. e.g. Thuc. 1.103.4,
Paus. 6.19.12-13

                    ε ευ
1 κελεύων E: κολούων B   2 ἀλλ' ἀφ' ὧν ἔπραξαν ἂν
add. Mu., Me.   3 et 5-6 et 15 et 24 Θετταλ.] v. ad
866e   19 τοὺς B: τοῖς E   24 ἡ Fr.: ἦ BE

Μακεδόνες τῆς πρὸς τὸν βάρβαρον φιλίας ἀπέ- (868)
στρεψαν. τὰς γὰρ ἰδίας ἀπεχθείας ὁ κοινὸς ἀπέ-
κρυψε κίνδυνος, ὥστε τῶν ἄλλων παθῶν ἐκπεσόν-
τας ἢ τῷ καλῷ δι' ἀρετὴν ἢ τῷ συμφέροντι δι'
5 ἀνάγκην προστίθεσθαι τὴν γνώμην. οὐ μὴν ἀλλὰ
καὶ μετὰ τὴν ἀνάγκην ἐκείνην, ᾗ κατελήφθησαν
ὑπὸ Μήδοις γενέ/σθαι, πάλιν μετεβάλοντο πρὸς F
τοὺς Ἕλληνας οἱ ἄνδρες, καὶ Λακράτης μὲν αὐ-
τοῖς ὁ Σπαρτιάτης ἄντικρυς ἐμαρτύρησεν· αὐτὸς
10 δ' ὁ Ἡρόδοτος ὥσπερ ἐκβιασθεὶς ἐν τοῖς Πλα-
ταιικοῖς ὁμολογεῖ καὶ Φωκέας παραγενέσθαι
τοῖς Ἕλλησιν (cf. Hdt. 9.31.5).

36. Οὐ δεῖ δὲ θαυμάζειν εἰ τοῖς ἀτυχήσασιν
ἔγκειται πικρῶς, ὅπου καὶ τοὺς παραγενομένους
15 καὶ συγκινδυνεύσαντας / εἰς τὴν τῶν πολεμίων 869
μερίδα καὶ προδοτῶν μετατίθησι. Νάξιοι γὰρ
τρεῖς ἔπεμψαν τριήρεις συμμάχους τοῖς βαρβά-
ροις, εἷς δὲ τῶν τριηράρχων Δημόκριτος ἔπεισε
τοὺς ἄλλους ἑλέσθαι τὰ τῶν Ἑλλήνων (8.46.3).
20 οὕτως οὐδ' ἐπαινεῖν ἄνευ τοῦ ψέγειν οἶδεν,
ἀλλ' <ἵν'> εἷς ἀνὴρ ἐγκωμιασθῇ, πόλιν ὅλην
δεῖ κακῶς ἀκοῦσαι καὶ δῆμον. μαρτυρεῖ δ'
αὐτ<οῖς> τῶν μὲν πρεσβυτέρων Ἑλλάνικος
(FGrH 4 fr. 183) τῶν δὲ νεωτέρων Ἔφορος
25 (FGrH 70 fr. 187), ὁ μὲν ἓξ ὁ δὲ πέντε ναυσὶν

17 τρεῖς error Plutarchi pro τέσσερας   21 ἵν' Tu.
(etiam apud Wechelium), Lahmeyero 92 hiatus causa pro-
bante: εἰ EB   23 αὐτοῖς Re.: αὐτῷ EB; μαρτυρεῖ αὐτοῖς
rectius quam ἀντιμαρτυρεῖ αὐτῷ legendum (Re., qui utrum-
que proposuit)

ΠΛΟΥΤΑΡΧΟΥ

(869) αὐτοὺς {Ναξίους} ἐλθεῖν τοῖς Ἕλλησι βοηθοῦν-
τας ἱστορήσας. αὐτὸς δὲ καὶ παντάπασιν ἑαυτὸν ὁ
Ἡρόδοτος ἐξελέγχει ταῦτα πλαττόμενον. οἱ μὲν
γὰρ Ναξίων ὡρογράφοι λέγουσι (FGrH 501 fr. 3)/
B καὶ πρότερον Μεγαβάτην ἀπώσασθαι ναυσὶ 5
διακοσίαις ἐπιπλεύσαντα τῇ νήσῳ, καὶ Δᾶτιν αὖ-
θις τὸν στρατηγὸν ἐξελάσαι καταπρήσαντα ‹...›
ποιῆσαι κακόν. εἰ δ’, ὡς Ἡρόδοτος εἴρηκεν ἀλ-
λαχόθι (6.96), τὴν μὲν πόλιν αὐτῶν ἐμπρήσαν-
τες διέφθειραν, οἱ δ’ ἄνθρωποι καταφυγόντες εἰς 10
τὰ ὄρη διεσώθησαν, ἦπου καλὴν αἰτίαν εἶχον τοῖς
ἀπολέσασι τὴν πατρίδα πέμπειν βοήθειαν, ἀλλὰ
μὴ τοῖς ἀμυνομένοις ὑπὲρ τῆς κοινῆς ἐλευθερίας
ἀμύνειν. ὅτι δ’ οὐκ ἐπαινέσαι βουληθεὶς Δημό-
κριτον, ἀλλ’ ἐπ’ αἰσχύνῃ Ναξίων συνέθηκε τὸ 15
ψεῦδος, δῆλός ἐστι τῷ παραλιπεῖν ὅλως καὶ πα-
C ρασιωπῆσαι τὸ Δη/μοκρίτου κατόρθωμα καὶ τὴν
ἀριστείαν, ἣν ἐπιγράμματι Σιμωνίδης ἐδήλωσε
(Simon. fr. 136 Bergk = 65 Diehl)·

Δημόκριτος τρίτος ἦρξε μάχης ὅτε πὰρ Σαλαμῖνα 20
Ἕλληνες Μήδοις σύμβαλον ἐν πελάγει·

5-6 cf. Hdt. 5.32-34

1 αὐτοὺς aut τοὺς Ναξίους Re.: αὐτοὺς Ναξίους EB; quare
omnes aditores τοὺς Ναξίους maluerint nequaquam intelligo,
cum Ναξίους, voce αὐτοῖς in αὐτῷ corrupta (cf. notam ante-
cedentem), glossa addita esse videatur   7 καταπρήσαντα
‹...› ποιῆσαι κακόν] aliquid excidisse manifestum est; Cobeti
μὲν τὴν πόλιν, ἄλλο δ’ οὐδὲν δυνηθέντα sensui non satisfacit;
de supplemento a Pe. proposito tacere malo cum neque
cumHerodoto congruat ut affirmat Pe., et sensu omnino
careat. καταπλεύσαντα (Wy.) πλοίοις (Emperius) ἑκατόν (Wy.)
non placet, alias ob causas et quia Plut. non πλοίοις sed
ναυσὶν (Wy.) dixisset; de supplemento Wyttenbachii v. etiam
Be. 1879 et Pe. 1959 269

50

πέντε δὲ νῆας ἕλεν δηίων, ἕκτην δ' ὑπὸ χειρ<ὸς> (869)
ῥύσατο βαρβαρικῆ<ς> Δωρίδ' ἁλισκομένην.

37. 'Αλλὰ τί ἄν τις ἀγανακτοίη περὶ Ναξίων ;
εἰ γὰρ εἰσὶν ἀντίποδες ἡμῶν, ὥσπερ ἔνιοι λέγουσι,
5 τῆς γῆς τὰ κάτω περιοικοῦντες, οἶμαι μηδ' ἐκεί-
νους ἀνηκόους εἶναι Θεμιστοκλέους καὶ τοῦ Θεμι-
στοκλέους βουλεύματος, ὃ βουλεύσας τῇ 'Ελλάδι /
ναυμαχῆσαι πρὸ τῆς Σαλαμῖνος ἱδρύσατο ναὸν D
<'Αριστο>βούλης 'Αρτέμιδος ἐν Μελίτῃ, τοῦ
10 βαρβάρου καταπολεμηθέντος. τοῦτο μὲν το<ῦ>
Θεμιστοκλέους ὁ χαρίεις συγγραφεὺς ὅσον ἐφ'
ἑαυτῷ παραι<ρ>ούμενος καὶ τὴν δόξαν εἰς ἕτερον
μεταφέρων ταῦτα γράφει κατὰ λέξιν (8. 57 - 58)·
ἐνταῦθα δ<ὴ> Θεμιστοκλέα ἀφικόμενον ἐπὶ τὴν
15 νέα εἴρετο Μνησίφιλος ἀνὴρ 'Αθηναῖος ὅ τι σφιν
εἴη βεβουλευμένον· πυθόμενος δὲ πρὸς αὐτοῦ ὡς
ε<ἴη> δεδογμένον ἀνάγειν τὰς νέας πρὸς τὸν
'Ισθμὸν καὶ πρὸ τῆς Πελοποννήσου ναυμαχέειν,

6-10 cf. *Them.* 22.2-3   14 sqq. consilium Mnesiphili solus
Hdt. narrat, sed Mnesiphilum aliquem Plut. *Mor.* 795c et
Them. 2.6 cum Themistocle coniungit
1 δηίων] sic cod. uterque, i.e. δῆίων, pace Diehlii; cf. *AP*
6.123.2   1-2 χειρὸς...βαρβαρικῆς Tu. (etiam apud
Wechelium, ubi emendatio verbi antecedentis in ἀπό, quae
pessima esse mihi quidem videtur, falso Turnebo tribuitur) :
χεῖρα... βαρβαρικὴν EB; cum mutationem in βαρβαρικὴν verba
proxima effecissent, χεῖρα ex emendatione prava secutum
est   8 ναυμαχῆσαι B: ναυμαχήσας E   9 'Αρι-
στοβούλης Xy. in versione et notis e *Them.* 22.3: βουλῆς
EB   10 τοῦ Mu., Wy.: τὸ EB   12 παραιρούμενος
Valckenaer ad Hdt. 8.57: παραιτούμενος EB   14 δὴ Be]
ex Hdt.: δὲ EB; corruptio facillima est; cf. 855a   15 εἴη
δεδογμένον Tu. (etiam apud Wechelium) ex Hdt.: ἐπιδεδογ-
μένον EB; miror cur editores ἐστι scripserint, quamquam εἴη
non solum in Hdt. exstat sed etiam multo facilius quam ἐστι
in ἐπι- corrumpi potest (cf. Hansenium 1969 10 not. 29)

51

(869) ⟨εἶπε⟩· οὐκ ἄρα, ἢν ἀπαίρωσι τὰς νέας ἀπὸ Σα-
λαμῖνος, οὐδὲ περὶ μιῆς ἔτι πατρίδος ναυμαχή-
E σεις· κατὰ γὰρ πό/λεις ἔκαστοι τρέψονται. καὶ
μετ' ὀλίγον· ἀλλ' εἴ τις ἔστι μηχανή, ἴθι τε καὶ
πειρῶ διαχέαι τὰ βεβουλευμένα, ἤ⟨ν⟩ κως δύνῃ 5
ἀναγνῶσαι Εὐρυβιάδεα μεταβουλεύσασθαι ὥστε
αὐτοῦ μενεῖν. εἶθ' ὑπειπὼν ὅτι κάρτα τῷ Θεμι-
στοκλεῖ ἤρεσεν ἡ ὑποθήκη καὶ οὐδὲν πρὸς ταῦτα
ἀμειψάμενος ἀφίκετο πρὸς τὸν Εὐρυβιάδην, πάλιν
αὐταῖς λέξεσι γέγραφεν· ἐνταῦθα δὲ Θεμιστοκλῆς 10
[οἱ παρι]ζόμενος καταλέγει κεῖνά τε πάντα ἃ
ἤκουσε Μνησιφίλου, ἑωυτοῦ ποιεύμενος, καὶ
ἄλλα προστιθείς. ὁρᾷς ὅτι κακοηθείας προστρί-
βεται τἀνδρὶ δόξαν, ἴδιον αὐτοῦ βούλευμα ποι-
εῖσθαι τὸ τοῦ Μνησιφίλου λέγων; 15

F 38. Ἔτι δὲ μᾶλλον τῶν Ἑλ/λήνων κατα-
γελῶν Θεμιστοκλέα μὲν οὔ{τε} φησι φρονῆσαι
τὸ συμφέρον ἀλλὰ παριδεῖν, ὃς Ὀδυσσεὺς ἐπωνο-
μάσθη διὰ τὴν φρόνησιν, Ἀρτεμισίαν δὲ τὴν Ἡ-
ροδότου πολῖτιν μηδενὸς διδάξαντος αὐτὴν ἀφ' 20
ἑαυτῆς ἐπινοήσασαν Ξέρξῃ προ{σ}ειπεῖν ὡς οὐχ
οἷοί τε πολλὸν χρόνον ἔσονταί τοι ἀντέχειν οἱ
Ἕλληνες, ἀλλά σφεας διασκεδ⟨ᾷς⟩, κατὰ πόλεις
870 δὲ ἔκαστοι φεύξονται· / καὶ οὐκ εἰκὸς αὐτούς, ἢν

1 εἶπε add. Tu., Xy., St., ex Hdt.   1-2 Σαλαμῖνος Β:
Σταλαμῖνος Ε   5 ἢν κως Tu., Xy., ex Hdt. : ἡλί-
κως ΕΒ; cf. Hansenium l.c.   11 [οἱ παρι]
ζόμενος scripsi (cf. Hansenium 1969 11 sq. cum not. 34):
[παρι]ζόμενός ⟨οἱ⟩ Tu., Xy., ex Hdt.: lac. 6 litt. + ζόμενος
Ε: lac. ca. 9 litt. in fine versus + ζόμενος Β   πάντα
Ε: om. Β   12 ποιεύμενος Ε: ποιούμενος Β   16-17
καταγελῶν Β : κατεγέλων Ε   17 τε del. Russell (per
ep.)   21 προειπεῖν Tu., St.: προσειπεῖν ΕΒ   23 δια-
σκεδᾷς Tu., St., Xy.: διασκεδιᾶ Ε: διασκεδιᾶν Β

σὺ ἐπὶ τὴν Πελοπόννησον ἐλαύνῃς τὸν πεζὸν (870)
στρατόν, ἀτρεμήσειν, οὐδέ σφιν μελήσειν πρὸ
τῶν Ἀθηναίων ναυμαχέειν· ἢν δὲ αὐτίκα ἐπειχ-
θῇς ναυμαχῆσαι, δειμαίνω μὴ ὁ ναυτικὸς στρα-
5 τὸς κακωθεὶς καὶ τὸν ‹πεζὸν› προ‹σ›δηλήσηται
(8.68.β - γ). ταῦτα μὲν οὖν μέτρων ἐνδεῖ τῷ
Ἡροδότῳ Σίβυλλαν ἀποφῆναι τὴν Ἀρτεμισίαν
τὰ μέλλοντα προθεσπίζουσαν οὕτως ἀκριβῶς·
διὸ καὶ Ξέρξης αὐτῇ παρέδωκε τοὺς ἑαυτοῦ παῖ-
10 δας ἀπάγειν εἰς Ἔφεσον· ἐπελέληστο γὰρ ἐκ Σού-
σων, ὡς ἔοικεν, ἄγειν γυναῖκας, εἰ γυναικείας
ἐδέοντο παραπομπῆς οἱ παῖδες.

39. Ἀλλ᾽ ὧ‹ν› μὲν ἔψευσται, λόγος ἡμῖν /
οὐδείς· ἃ δὲ ‹κ›[ατέ]ψευσται μόνον ἐξετάζομεν. B
15 φησὶ (8.94) τοίνυν Ἀθηναίους λέγειν ὡς Ἀδεί-
μαντος ὁ Κορινθίων στρατηγός, ἐν χερσὶ τῶν
πολεμίων γενομένων, ὑπερεκπλαγεὶς καὶ κατα-
δείσας ἔφευγεν, οὐ πρύμναν κρουσάμενος οὐδὲ
διαδὺς ἀτρέμα διὰ τῶν μαχομένων, ἀλλὰ λαμπρῶς
20 ἐπαιρόμενος τὰ ἱστία καὶ τὰς ναῦς ἁπάσας ἀπο-

---

1 ἐλαύνῃς B: ἐλαύνεις E   2 ἀτρεμήσειν] cf. Be. 1879
          3 Ἀθηναίων] exstat in codd. Herodoti CDRSV,
quare in Ἀθηνέων (Be.) mutare haud licet   5 πεζὸν
add. Le., Xy., St.   προσδηλήσηται Mu., Re., ex Hdt.
cuius in codd. AB inuenitur: προδηλήσηται EB, manifeste falso
etiamsi in codd. Herodoti plerisque exstat   13 ἀλλ᾽
ὧν Tu. (etiam apud Wechelium), Xy. (Fr. ἄλλων praebet):
ἀλλ᾽ ὃ Le., St., vix recte : ἄλλω EB   14 ἃ δὲ
‹κ›[ατέ]ψευσται scripsi : ἃ δὲ ‹γ›[ε κατέ]ψευσται Tu. (etiam apud
Wechelium): ἃ δὲ ‹κ›[ακοήθως ἔ]ψευσται Re.: ἃ δέ τ[ινων
κατέ]ψευσται Herwerden 1877: ἃ δὲ τ[ῶν Ἑλλήνων κατέ]ψευ-
σται Wy.: ἃ δὲ τ[ῶν Κορινθίων καὶ τῶν Θηβαίων κατέ]ψευσται
Cobet: αδετ[lac. 3 litt.]ψεῦσται EB   20 ἐπαιρόμενος]
ἐπαράμενος Kronenberg 1924, ex Hdt.

(870) στρέψας· εἶτα μέντοι κέλης ἐλαυνόμενος αὐτῷ
συνέτυχε περὶ τὰ λήγοντα τῆς Σαλαμινίας, ἐκ δὲ
τοῦ κέλητος ἐφθέγξατό τις· σὺ μέν, ὦ Ἀδείμαντε,
φεύγεις καταπροδοὺς τοὺς Ἕλληνας· οἱ δὲ καὶ δὴ
νικῶσι καθάπερ ἤρῶντο ἐπικρατῆσαι τῶν ἐ/χ-   5
C θρῶν—ὁ δὲ κέλης οὗτος ἦν, ὡς ἔοικεν, οὐρανο-
πετής· τί γὰρ ἔδει <φείδ>εσθαι μηχανῆς τραγικῆς,
ἐν πᾶσι τοῖς ἄλλοις ὑπερπαίοντα τοὺς τραγῳδοὺς
ἀλαζονείᾳ;—. πιστεύσας οὖν ὁ Ἀδείμαντος ἐπαν-
ῆλθεν εἰς τὸ στρατόπεδον ἐπ᾽ ἐξειργασμένο<ι>ς·   10
αὕτη φάτις ἔχει ὑπὸ Ἀθηναίων· οὐ μέντοι Κορίν-
θιοι ὁμολογέουσιν, ἀλλ᾽ ἐν πρώτοισι σφέας αὐ-
τοὺς τῆς ναυμαχίης νομίζουσι γενέσθαι· μαρτυρεῖ
δέ σφι καὶ ἡ ἄλλη Ἑλλάς. τοιοῦτός ἐστιν ἐν πολ-
λοῖς ὁ ἄνθρωπος· ἑτέρας καθ᾽ ἑτέρων διαβολὰς καὶ   15
κατηγορίας κατατίθησιν, ὥστε μὴ διαμαρτεῖν τοῦ
φανῆναί τινα πάντως πονηρόν· ὥσπερ ἐνταῦθα /
D περίεστιν αὐτῷ, πιστευομένης <μὲν> τῆς διαβολῆς

7 φείδεσθαι Emperius: ἀπέχεσθαι Wy.: τίθεσθαι EB   10 ἐπ᾽
ἐξειργασμένοις Tu. fere (etiam apud Wechelium): ἐπεξ-
οις
ειργασμένος B: ἐπεξειργασμένος E   14-15 ἐν πολλοῖς ὁ
β   a
ἄνθρωπος B: ὁ ἄνθρωπος ἐν πολλοῖς E   16 κατατίθη-
σιν B: κα[lac. 2 litt.]τίθησιν E   17—p. 55 vs. 3 ὥσπερ ...
καταψεύδεσθαι] quidquid de emendationibus hic acceptis sen-
tis (v. notas proximas), non dubitandum est quin sensui
satisfaciant. Wy., Xylandro emendato, recte vertit 'Ita hic
quidem id sibi reservavit, ut calumnia credita Corinthii,
repudiata Athenienses male audirent. Quam equidem calum-
niam non ab Atheniensibus in Corinthios, sed ab isto in utrosque
ementitam arbitror.' Pe. Plutarchum non solum de calumnia
fugiendi in Corinthios sed etiam de calumnia hoc ementiendi
in Athenienses facta hic diserte dixisse putat, minime fidem
faciens   18 μὲν St.: δὲ EB, quod e sequentibus huc
migrasse videtur

Κορινθίους ἀδοξεῖν, ἀπιστουμέν‹η›ς ‹δ'› 'Αθηναί- (870)
ους· ἦ‹ν› οἴ‹μαι› μηδὲ Κορινθίων 'Αθηναίους,
ἀλλὰ τοῦτ‹ο›ν ἀμφοτέρων ὁμοῦ καταψεύδεσθαι.
Θουκυδίδης γοῦν, ἀντιλέγοντα ποιῶν (1. 73 - 78)
5 τῷ Κορινθίῳ τὸν 'Αθηναῖον ἐν Λακεδαίμονι καὶ
πολλὰ περὶ τῶν Μηδικῶν λαμπρυνόμενον ἔργων
καὶ περὶ τῆς ἐν Σαλαμῖνι ναυμαχίας, οὐδε-
·μίαν αἰτίαν προδοσίας ἢ λ{ε}ιποταξίας ἐπενή-
νοχε Κορινθίοις· οὐδὲ γὰρ εἰκὸς ἦν 'Αθηναί-
10 ο‹υ›ς ταῦτα βλασφημεῖν περὶ τῆς Κορινθίων
πόλεως, ἣν τρίτην μὲν ἑώρ‹ων› μετὰ Λακεδαιμο-
νίους καὶ μετ' αὐτοὺς ἐγχαραττομένην τοῖς / ἀπὸ E
τῶν βαρβάρων ἀναθήμασιν. ἐν δὲ Σαλαμῖνι παρὰ
τὴν πόλιν ἔδωκαν αὐτοῖς θάψαι τε τοὺς ἀποθανόν-
15 τας, ὡς ἄνδρας ἀγαθοὺς γενομένους, ‹καὶ› ἐπιγρά-
ψαι τόδε τὸ ἐλεγεῖον (Simon. fr. 96 Bergk=90 Diehl).
ὦ ξένε, εὔυδρόν ποτ' ἐναίομεν ἄστυ Κορίνθου,

11-13 cf. ML n. 27 et locos ibi laudatos; Plut. tituli mentio-
nem etiam infra 873a et c-d facit   17 sqq. haec duo disticha et-
iam D. Chrysost. 37. 18 inueniuntur. pars monumenti Athenis in
Museo Epigraphico conseruata haec literis Corinthiis incisa prae-
bet:]όν ποκ' ἐναίομες ἄστυ Qορίνθο/]ϝτος[. utrum lapis infra va-
cuerit necne, non constat. cf. ML n. 24 et locos ibi laudatos.
caue titulum anno 480 vetustiorem cum Carpentero putes

1 ἀπιστουμένης Le., Xy., St.: ἀπιστουμένους EB   δ' add.
St.; cf. supra ad μὲν   2 ἦν οἶμαι Wy.: ἢ οἶ Al. e
οἶ
β: ἦ B: οἶ E   3 τοῦτον Tu. (etiam apud Weche-
lium) : τούτων EB   8 λιποταξίας Be.: λειποταξίας EB;
λειπ. saepius in codd. inuenitur, sed cf. e.g. Antiph. apud
Ath. 6.303f = FCG iii p. 71 = CAF ii p. 63, vs. 9
9-10 'Αθηναίους Re.: 'Αθηναῖον Pe. (cf. ἑώρα; verbum
autem αὐτοὺς repugnat): 'Αθηναίοις EB   11 ἑώρων Xy. in
versione, Mu., Re.: ἑώρα EB   12 αὐτοὺς Tu. (etiam
ὧν .
apud Wechelium): αὐτοὺς B: αὐτῶν E   15 καὶ add.
Le., Fr.   17 ξένε] hoc et Plut. et 'Dio' (i.e. Fauorinus)

55

(870)   νῦν δ' ἄ‹μ' Αἴαν›τος νᾶσος ἔχει Σαλαμίς.
ἐνθάδε Φοινίσσας νῆας καὶ Πέρσας ἑλόντες
καὶ Μήδους, ἱερὰν Ἑλλάδα ῥυ‹σά›μεθα.

τὸ δ' ἐν Ἰσθμῷ κενοτάφιον ἐπιγραφὴν ἔχει ταύ-
την (Simon. fr. 97 Bergk = 95 Diehl)·   5

ἀκμᾶς ἑστακυῖαν ἔπι ξυροῦ Ἑλλάδα πᾶσαν
ταῖς αὐτῶν ψυχαῖς κείμεθα ῥυσάμενοι. |

F   Διοδώρου δέ τινος τῶν Κορινθίων τριηράρχων ἐν
ἱερῷ Λητοῦς ἀναθήμασι κειμένοις καὶ τοῦτ' ἐπε-
γέγραπτο (Simon. fr. 134 Bergk = 108 Diehl)·   10

ταῦτ' ἀπὸ δυσμενέων Μήδων ‹ν›αῦται Διοδώρου

ut formam Doricam scripsisse videntur, quamquam me-
trum vetat. Brunck recte in ξεῖν' correxit, ut Dionis cod.
M. de formis Ionicis et Doricis in eodem epigrammate usur-
patis cf. Thumbium i 222. literis Corinthiis ΞΡΛΒ = ξεῖνε
lapidem praebuisse puta sis (ξεῖνε/ποκ' non obstat, cum elisio
in singulis titulis ubique inconstanter adhibita sit); qui epigram-
ma e lapide transcripsit, discrimen inter Ρ et Β non intellex-
isse et perperam ξένε scripsisse videtur. Wilamowitz 1897
307 not. 1 = 1913 192 sq. not. 3 ξένε recte condemnauit,
sed originem erroris non intellexit

6-7 etiam exstat AP 7.250, Aristid. ii p. 512 Din-
dorf (ubi duo disticha subditicia sequuntur), schol. Aristid.
iii p. 136 Dindorf (ubi Simon. 101 Bergk = 119 Diehl
accessit)   11 sq. etiam exstat AP 6.215

1 δ' ἄμ' Αἴαντος Valkenaer fere ad Hdt. 8.94.1, Bergk:
δὲ μετ' Αἴαντος Dio:]γτος[lapis: δ' ἀνάματος EB   2 ἐν-
θάδε] ῥεῖα δὲ Dio, falso   3 ῥυσάμεθα Pletho, Jacobs
(cl. corruptela Dionis Ἑλλάδ' ἱδρυσάμεθα) : ῥυόμεθα EB;
aoristum etiam in epigrammate proximo et apud Diod. Sic.
11.33.2 = Simon. fr. 102 Diehl inuenies   7 αὐτῶν]
αὐτῶν AP cod. unic. ante corr., schol. Aristid.; sed cf. KG i
571 sq.   9-10 ἐπεγέγραπτο E: ἐπιγέγραπται B   11 ναῦ-
ται Le., St., ex AP: αὖται EB

ΠΕΡΙ ΤΗΣ ΗΡΟΔΟΤΟΥ ΚΑΚΟΗΘΕΙΑΣ

ὅπλ' ἀνέθεν{το} Λατοῖ, μνάματα ναυμαχίας. (870)
αὐτός γε μὴν ὁ 'Αδείμαντος, ᾧ πλεῖστα λοιδο-
ρούμενος 'Ηρόδοτος διατελεῖ καὶ λέγων (8.5.1)
μοῦνον ἀ<σ>παίρειν τῶν στρατηγῶν, ὡς φευξόμενον
5 ἀπ' 'Αρτεμισίου καὶ μὴ περιμενοῦντα, σκόπει τίνα
δόξαν εἶχεν (Simon. fr. 98 Bergk=94 Diehl)·

οὗτος 'Αδειμάντου κείνου τάφος, ὃν διὰ πᾶσα
'Ελλὰς ἐλευθερίας ἀμφέθε{ν}το στέφανον. /

οὔτε γὰρ τελευτήσαντι τοιαύτην εἰκὸς ἦν ἀνδρὶ 871
10 δειλῷ καὶ προδότῃ γενέσθαι τιμήν, οὔτ' ἂν ἐτόλ-
μησε τῶν θυγατέρων ὄνομα θέσθαι τῇ μὲν Ναυ-
σινίκην τῇ δ' 'Ακροθίνιον τῇ δ' 'Αλεξιβίαν, 'Αρι-
στέα δὲ καλέσαι τὸν υἱόν, εἰ μή τις ἦν ἐπιφάνεια
καὶ λαμπρότης περὶ αὐτὸν ἀπὸ τῶν ἔργων ἐκεί-
15 νων. καὶ μὴν ὅτι μόναι τῶν 'Ελληνίδων αἱ Κορίν-
θιαι γυναῖκες εὔξαντο τὴν καλὴν ἐκείνην καὶ δαι-
μόνιον εὐχήν, ἔρωτα τοῖς ἀνδράσι τῆς πρὸς τοὺς
βαρβάρους μάχης ἐμβαλεῖν τ<ὴ>ν θεόν, οὐχ ὅπως
<τοὺς> περὶ τὸν 'Ηρόδοτον ἀγνοῆσαι πιθανὸν ἦν,
20 ἀλλ' οὐδὲ τὸν ἔσχατον Καρῶν· διεβοήθη γὰρ τὸ
πρᾶγμα, καὶ Σι/μωνίδης ἐποίησεν ἐπίγραμμα B

7-8 etiam exstat D. Chrysost. 37.19, AP 7.347   12-13 de
Aristeo cf. Hdt. 2.137.3, Thuc. 1.60.2, 2.67.1. de Acro-
thinio et Alexibia nihil scimus.

1 ἀνέθεν Tu., Blomfield: ἀνέθεντο EB   ναυμαχίας
E (ut AP): ναυμαχίης B   4 ἀσπαίρειν Cobet ex Hdt.:
ἀπαίρειν EB   7 κείνου] in utroque cod. et in editio-
nibus usque a Wy. inuenitur, pace Waltzii ad AP et Diehlii
    ὃν διὰ πᾶσα] οὗ διὰ βουλὰς Dio (i.e. Fauorinus) et AP
8 'Ελλὰς E: ἡ 'Ελλὰς B   ἐλευθερίας B: ἐλεθευρί' E
        ἀμφέθετο Pletho, Fr.: ἀμφέθεντο EB   18 τὴν
Pletho, Xy., St.: τὸν EB   19 τοὺς add. Tu., Re.

57

(871) χαλκῶν εἰκόνων ἀνασταθεισῶν ἐν τῷ ναῷ τῆς
Ἀφροδίτης, ὃν ἱδρύσασθαι Μήδειαν λέγουσιν, οἱ
μὲν αὐτὴν παυσαμένην <ἐρῶσαν> τἀνδρός, οἱ δ'
ἐπὶ τῷ τὸν Ἰάσονα τῆς Θέτιδος ἐρῶντα παῦσαι
τ<ὴ>ν θεόν. τὸ δ' ἐπίγραμμα τοῦτ' ἐστὶν (Simon.   5
fr. 137 Bergk = 104 Diehl)·

αἵδ' ὑπὲρ Ἑλλάνων τε καὶ ἰθυμάχων πολι<η>τᾶν
ἔσταθεν εὐξάμεναι Κύπριδι δαιμονίᾳ{ι}.
οὐ γὰρ τοξοφόροισιν ἐμήδετο δῖ' Ἀφροδίτα{ν}
Μήδοις Ἑλλάνων ἀκρόπολιν προδόμεν.   10

ταῦτ' ἔδει γράφειν καὶ τούτων μεμνῆσθαι μᾶλ-
C λον ἢ τὴν Ἀμει/νοκλέους ἐμβαλεῖν [συμφορὰν
καὶ] παιδοφονίαν.

7-10 etiam exstat Ath. 13.573d-e et *schol*. Pi. *Ol*. 13.32a
Drachmann = *FGrH* frr. 285a et b. cf. Wilamowitzium *1889* =
1962   12-13 cf. supra 864c

1 *ναῷ* B: *νῷ* E   3 *ἐρῶσαν* add. Kaltwasser in
versione, Wy.; ex *ἐρῶντα* haud subaudiri potest   4 *Θέ-
τιδος*] cf. Pe. ad loc.   5 *τὴν* Pletho, Xy., St.: *τὸν*
EB   7 *ἰθυμάχων* B: *εἰθυμάχων* E; Ath. *εὐθυμάχων*
praebet, *schol*. Pi. *ἀγχεμάχων*   *πολιητᾶν* Pletho, St.,
Xy., ut *schol*. Pi.: *πολιτᾶν* EB   8 *ἔσταθεν* (B: *ἔσταθεν*
E, Pletho e β) *εὐξάμεναι*] *ἔσταθεν εὔχεσθαι* Ath.: *ἔστα-
σαν* (cod. E; cf. infra) *εὐχόμεναι* *schol*. Pi.; si *ἔσταθεν*
(B) e coniectura exstitit ut stemma meum postulat, lectio
ἔσταθεν fortassse ex *ἔστασαν* corrupta est; Preger *ἔστασαν* voluit
(et sic *schol*. Pi. codd. BCQ)   *δαιμονίᾳ* Wilamowitz
1889 6 = *1962* 664 sq. ex Ath. et *schol*. Pi. (cl. Pi. *Ol*. 9.110
et *θεσπεσίῃ Il*. 2.367 cum *schol*.): *δαιμόνια* Be. (cl. 871a):
δαιμόνιαι EB   9 *δῖ' Ἀφροδίτα* Pletho, St., Xy., ut Ath.
et *schol*. Pi.: *δι' Ἀφροδίταν* EB   9-10 *ἐμήδετο* ...
προδόμεν] *ἐμήσατο* ... *προδόμεν* Ath.: *ἐβούλετο* ... *δόμεναι schol*.
Pi., falso   12-13 *συμφορὰν καὶ* Pe. *1959* 266: *τῇ ἱστορίᾳ* Be.:
lac. ca. 12 litt. inter duos versus diuis. EB; de utroque supple-
mento cf. quae scripsit Plut. 864c

40. Τῶν τοίνυν αἰτιῶν τῶν κατὰ Θεμιστοκλέ- (871)
ους ἀν‹έ›δην ἐμφορηθείς, ἐν οἷς κλέπτοντα καὶ
πλεονεκτοῦντα λάθρᾳ τῶν ἄλλων στρατηγῶν οὔ
φησι (8.112) *παύσασθαι περὶ τὰς νήσους, τέλος*
5 *αὐτῶν Ἀθηναίων τὸν στέφανον ἀφελόμενος Αἰ-*
γινήταις ἐπιτίθησι, γράφων ταῦτα (8.122)· *πέμ-*
ψαντες ἀκροθίνια οἱ Ἕλληνες εἰς Δελφοὺς ἐπει-
ρώτων τὸν θεὸν κοινῇ εἰ λελάβηκε πλήρεα καὶ
ἀρεστὰ ‹τὰ› ἀκροθίνια· ὁ δὲ παρ' Ἑλλήνων μὲν·
10 *τῶν ἄλλων ἔφησεν ἔχειν, παρ' Αἰγινητέων δὲ οὔ,*
ἀλλ' ἀπ‹ήτε›ε αὐτοὺς τὰ ἀριστεῖα τῆς ἐν Σαλαμῖ-
νι ναυμαχίας. οὐκέτι Σκύθαις οὐδὲ Πέρσαις οὐδ'
Αἰγυπτίοις τοὺς ἑαυτοῦ λόγους / *ἀνατίθησι πλάτ-* D
των, ὥσπερ Αἴσωπος κόρακι καὶ πιθήκοις, ἀλλὰ
15 *τῷ τοῦ Πυθίου προσώπῳ χρώμενος ἀπωθεῖ τῶν*
‹ἐν› Σαλαμῖνι πρωτείων τὰς Ἀθήνας. Θεμιστο-
κλεῖ δὲ τῶν δευτερείων ἐν Ἰσθμῷ γενομένων διὰ
τὸ τῶν στρατηγῶν ἕκαστον αὐτῷ μὲν τὸ πρω-
τεῖον ἐκείνῳ δὲ τὸ δευτερεῖον ἀποδοῦναι, καὶ
20 *τέλος τῆς κρίσεως μὴ λαβούσης, δέον αἰτιάσασθαι*
τὴν φιλοτιμίαν τῶν στρατηγῶν, πάντας ἀποπλεῦ-
σαί φησι τοὺς Ἕλληνας ὑπὸ φθόνου μὴ βουληθέν-

1-4 cf. *Them.* 21.1   9-12 cf. *Them.* 17.1, Diod. Sic.
11.27.2, *schol.* Pi. *Isthm.* 5.63a Drachmann   16 sqq. cf.
Them. 17.1-2

1 αἰτιῶν Xy.: αἰτίων EB   2 ἀνέδην Wy.: ἀναίδην EB;
'frequentissima in libris permutatio' (Wy.)   9 τὰ add.
Be. ex Hdt.   11 ἀπήτεε αὐτοὺς Tu. (etiam apud We-
chelium): ἀπῆλθεν ἑαυτοὺς E: ἀπῆλθεν ἑαυτοὺς B; Plut. for-
mam semiherodoteam usurpasse e corruptela apparet
16 ἐν add. Wy. ut usus Plutarchi postulat   17-18 διὰ
τὸ τῶν στρατηγῶν] bis praebet E

(871) τας ἀναγορεῦσαι τὸν ἄνδρα πρῶτον (8.123 -
124.1).

41. Ἐν δὲ τῇ ἐνάτῃ καὶ τελευταίᾳ τῶν β‹ύ›β-
λων ὅσον ἦν ὑπόλοιπον ἔ‹τι› τῆ‹ς› πρὸς Λακε-
δαιμονίους αὐτῷ δυσμενείας ἐκχέαι σπεύδων, τὸ 5
παρ' αὐτὸν ἀφείλετο τὴν ἀοίδιμον νίκην καὶ τὸ
E περιβόητον | Πλαταιᾶσι κατόρθωμα τῆς πόλεως.
γέγραφε (8.144, 9.6 - 9) γὰρ ὡς πρότερον μὲν
‹ὠ›ρρώδουν τ‹οὐ›ς Ἀθηναίους μὴ πεισθέντες ὑπὸ
Μαρδονίου τοὺς Ἕλληνας ἐγκαταλίπωσι, τοῦ δ' 10
Ἰσθμοῦ τειχισθέντος ἐν ἀσφαλεῖ θέμενοι τὴν Πε-
λοπόννησον ἠμέλουν ἤδη τῶν ἄλλων καὶ περιεώ-
ρων, ἑορτάζοντες οἴκοι καὶ τοὺς πρέσβεις τῶν
Ἀθηναίων κατειρωνευόμενοι καὶ διατρίβοντες.
πῶς οὖν ἐξῆλθον ε‹ἰς› Πλαταιὰς πεντακισχίλιοι 15
Σπαρτιᾶται, περὶ αὐτὸν ἔχων ἀνὴρ ἕκαστος ἑπτὰ
εἵλωτας; ἢ πῶς κίνδυνον ἀράμενοι τοσοῦτον
ἐκράτησαν καὶ κατέβαλον μυριάδας τοσαύτας;
ἄκουσον αἰτία‹ς› πιθανῆς· ἔτυχε, φησίν, ἐν
F Σπάρτῃ παρεπι/δ‹η›μῶν ἐκ Τεγέας ἀνὴρ ὄνομα 20

13-14 cf. Arist. 10.7-8

3-4 βύβλων scripsi: βίβλων EB; cf. ad 859b   4 ἔτι τῆς
Emperius: ἐν τῇ EB   5 δυσμενείας E: δυσμενείᾳ B e
                                             αὐτοῦ
coniectura ut hiatus demonstrat   6 αὐτὸν Wy.: αὐτὸν
(sic, potius quam ut exhibet Hansen 1969 19) B: αὐτὸν
E   9 ὠρρώδουν τοὺς Re. fere: ὀρρωδοῦντας EB
10 ἐγκαταλίπωσι B: ἐγκαταλείπωσι E   15 εἰς Πλαταιὰς
Le. (etiam apud Wy.), Tu. (etiam apud Wechelium), Xy.
in versione: ἐκ Πλαταιᾶς EB; cf. Hansenium 1969 10 not.
29   16 αὐτὸν B: αὐτὸν E   19 αἰτίας St.: αἴτια
EB   20 παρεπιδημῶν Tu. (etiam apud Wechelium),
Xy.: παρεπιδραμὼν EB

Χείλεως, ᾧ φίλοι τινὲς καὶ ξένοι τῶν ἐφόρων (871)
ἦσαν· οὗτος οὖν ἔπεισεν αὐτοὺς ἐκπέμψαι τὸ
στράτευμα, λέγων ὅτι τοῦ διατειχίσματος οὐδὲν
ὄφελός ἐστι Πελοποννησίοις ἂν Ἀθηναῖοι Μαρδο-
5 νίῳ προσγένωνται. τοῦτο Παυσανίαν ἐξήγαγεν εἰς
Πλαταιὰς μετὰ τῆς δυνάμεως· / εἰ δέ τι κατέσχεν 872
οἰκεῖον ἐν Τεγέᾳ πρᾶγμα τὸν Χείλεων ἐκεῖνον, οὐκ
ἂν ἡ Ἑλλὰς περιεγένετο.
42. Πάλιν δὲ τοῖς Ἀθηναίοις οὐκ ἔχων ὅ τι
10 χρήσαιτο, <ποτὲ μὲν αἴρει> ποτὲ δὲ καταβάλλει
τὴν πόλιν ἄνω καὶ κάτω μεταφέρων, οὓς Τεγεά-
ταις μὲν εἰς ἀγῶνα λέγει (9.26 - 27) περὶ τῶν
δευτερείων καταστάντας Ἡρακλειδῶν τε μεμνῆ-
σθαι καὶ τὰ πρὸς Ἀμαζόνας πραχθέντα προφέρειν
15 ταφάς τε Πελοποννησίων τῶν ὑπὸ τῇ Καδμείᾳ
πεσόντων καὶ τέλος εἰς τὸν Μαραθῶνα καταβαί-
νειν τῷ λόγῳ φιλοτιμουμένους καὶ ἀγαπῶντας
ἡγεμονίας τυχεῖν τοῦ ἀριστεροῦ κέρως· ὀλίγον δ᾽
ὕστερον (9.46) αὐτοῖς Παυσανίαν καὶ Σπαρτιά-/
20 τας τῆς ἡγεμονίας ὑφίεσθαι, καὶ παρακαλεῖν ὅπως Β
κατὰ Πέρσας ἀντιταχθῶσι τὸ δεξιὸν κέρας παρα-
λαβόντες, αὐτοῖς δὲ παραδόντες τὸ εὐώνυμον, ὡς
ἀηθείᾳ τὴν πρὸς τοὺς βαρβάρους μάχην ἀπολ<ε>
γο{υ}μένους. καίτοι γελοῖον, εἰ μὴ συνήθεις εἶεν
25 οἱ πολέμιοι, μάχεσθαι μὴ θέλειν. ἀλλὰ τούς γ᾽ ἄλ-

9-18 cf. Arist. 12   18-24 cf. ib. 16.1

10 ποτὲ μὲν αἴρει add. Re.   11-12 Τεγεάταις Al.:
                                                    ον
Τεγεάταις Β: Τεγεάτας Ε   18 ὀλίγον Ε: ὀλίγῳ
                                                    ε
Β   23-24 ἀπολεγομένους Wy.: ἀπολογουμένους (sic)
Β: ἀπολογουμένους Ε

61

(872) λους Έλληνας εἰς ἕτερον ὑπὸ τῶν στρατηγῶν
ἀγομένους στρατόπεδον, ὡς ἐκινήθησαν, φησὶ
(9.52) φεύγειν ἀσμένως τὴν ἵππον πρὸς τὴν τῶν
Πλαταιέων πόλιν, φεύγοντας δ' ἀφικέσθαι πρὸς
τὸ Ἡραῖον. ἐν ᾧ καὶ ἀπείθειαν καὶ λ{ε}ιποταξίαν 5
καὶ προδοσίαν ὁμοῦ τι πάντων κατηγόρησε. τέλος
C δὲ μόνους / φησὶ (9.59.1, 67) τοῖς μὲν βαρβά-
ροις Λακεδαιμονίους καὶ Τεγεάτας τοῖς δὲ Θη-
βαίοις Ἀθηναίους συμπεσόντας διαγωνίσασθαι,
τὰς δ' ἄλλας πόλεις ὁμαλῶς ἁπάσας τοῦ κα- 10
τορθώματος ἀπεστέρηκεν (9.69 - 70.1) οὐδένα
⟨γὰρ⟩ συνεφάψασθαι τοῦ ἀγῶνος, ἀλλὰ καθημέ-
νους πάντας ἐπὶ τῶν ὅπλων ἐγγὺς καταλιπεῖν
καὶ προδοῦναι τοὺς ὑπὲρ αὐτῶν μαχομένους·
ὀψὲ δὲ Φλιασίους καὶ Μεγαρέας πυθομένους 15
νικῶντα Παυσανίαν, προσφερομένους καὶ ἐμπε-
σόντας εἰς τὸ Θηβαίων ἱππικὸν οὐδενὶ λόγῳ δια-
φθαρῆναι· Κορινθίους δὲ τῇ μὲν μάχῃ μὴ παρα-
γενέσθαι, μετὰ δὲ τὴν νίκην ἐπειγομένους διὰ τῶν
D λόφων, μὴ π⟨ε⟩ρ⟨ι⟩/πεσεῖν τοῖς ἱππεῦσι τῶν 20
Θηβαίων· οἱ γὰρ Θηβαῖοι, τῆς τροπῆς γενομένης,
προϊππεύοντες τῶν βαρβάρων προθύμως παρε-
βοήθουν φεύγουσιν αὐτοῖς — δηλονότι τῶν ἐν
Θερμοπύλαις στιγμάτων χάριν ἀποδιδόντες. ἀλλὰ
Κορινθίους ⟨γ⟩ε καὶ τάξιν ἦν ⟨ἔχοντες⟩ ἐμάχοντο 25

23-24 cf. supra 866f

3 τῶν Β: ἐν Ε   5 λιποταξίαν] v. ad 87οd
6 τι Ε: τοι Β   12 γὰρ add. Wy.: λέγων vel εἰπὼν add.
Re.   20 περιπεσεῖν Tu. (etiam apud Wechelium): παραπε-
σεῖν ΕΒ   25 γε Re.: τε ΕΒ   ἦν ἔχοντες Re.:
καθ' ἦν Wy.: ἦν ΕΒ; Wyttenbachii ᾗ non accipiendum, prae-
sertim propter hiatum

τοῖς βαρβάροις, καὶ τέλος ἡλίκον ὑπῆρξεν αὐτοῖς (872)
ἀπὸ τοῦ Πλαταιᾶσιν ἀγῶνος, ἔξεστι Σιμωνίδου
πυθέσθαι γράφοντος ἐν τούτοις (Simon. fr. 84
Bergk = 64 Diehl=10 - 11 West)·
5 μέσσοι{σι} δ' οἴ < τ' > 'Εφύρ< η >ν πολυπίδακα ναι-
                                        εταόντες,
   παντοίης ἀρετῆς ἴδριες ἐν· πολέμῳ
   . . . .
   οἴ τε πόλιν Γλαύκοιο, Κορίνθιον ἄστυ, νέμοντ< ες >, |
   οἴ < τῶν > καλλίστ< ων > μάρτυν ἔθεντο πόνων   Ε
10 χρυσοῦ τιμήεντος ἐν αἰθέρι· καί σφιν ἀέξει
   αὐτῶν τ' εὐρεῖαν κληδόνα καὶ πατέρων.

   ταῦτα γὰρ οὐ χο< ρ >ὸν ἐν Κορίνθῳ διδάσκων οὐδ'
   ᾆσμα ποιῶν εἰς τὴν πόλιν, ἀ< π >λῶς δὲ τὰς πράξεις
   ἐκείνας ἐλεγεῖα γράφων ἱστόρηκεν. ὁ δὲ προλαμ-
15 βάνων τὸν ἔλεγχον τοῦ ψεύσματος τῶν ἐρησομέ-
   νων πόθεν οὖν πολυάνδρια καὶ θῆκαι τοσαῦται καὶ

5-11 de his versibus emendandis cum Wilamowitzio 1897
311 not. I = 1913 196 not. 2) desperare non pudet
5 μέσσοι Tu. (etiam apud Wechelium), Ursinus: μέσσοισι
EB, ex attractione ad verbum antecedens; contra, cf. Westii
μέσοις   οἴ τ' 'Εφύρην Re. fere (η Schneidewinio
debetur), recte ut videtur: οἴ γ' "Εφυραν B (οἴ legitur, sed
γ' ἔ. correctio non esse videtur): οἴ γέφυραν Ε   7 hic
aliquot versus aut numquam a Plut. transcripti esse aut
postmodum intercidisse videntur; cf. Bergkium ad loc.
contra, post versum tertium Plutarchum aliquot versus
omisisse West putat; cf. infra ad οἴ τῶν καλλίστων   8 νέ-
μοντες Al. (cf. e.g. Socr. fr. I): νέμονται EB   9 οἴ
τῶν καλλίστων Tu. (etiam apud Wechelium): οἴ καὶ κάλ-
λιστον Ursinus: οἴπερ κάλλιστον Hiller: οἴοι κάλλιστον (sic,
pace Pe.) Diehl: οἴ κάλλιστον EB ('οἴ Plutarchi est excerpta
consuentis' West)   10 χρυσοῦ τιμήεντος] cf. Mimn.
12 Bergk = 10 Diehl, vs. 7   12 οὐ χορὸν Herwerden
1877: οὐχ οἴον EB   13 ἁπλῶς Be.: ἄλλως EB   14 ἐλε-
γεῖα] ἐν ἐλεγείᾳ Wilamowitz l.c., vix recte

ΠΛΟΥΤΑΡΧΟΥ

(872) μνήματα νεκρῶν οἷς ἐναγίζουσιν ἄχρι νῦν Πλα-
ταιεῖς τῶν Ἑλλήνων συμπαρόντων, [πρᾶγμ']
αἴσχιον, ὡς οἶμαι τῆς προδοσίας τῶν γενεῶν
F κατηγόρηκεν ἐν τούτοις (9.85.3)· τῶν δὲ | ἄλ-
λων ὅσοι καὶ φαίνονται ἐν Πλαταιῆσιν ἐόντες 5
τάφοι, τούτους δέ, ὡς ἐγὼ πυνθάνομαι, αἰσχυνο-
μένους τῇ ἀπ‹ε›[στοῖ] τῆς μάχης ἑκάστους χώ-
ματα χῶσαι κεινὰ τῶν ἐπιγινομένων εἴνεκ' ἀν-
θρώπων. ταύτην ‹τὴν› ἀπ‹ε›[στὼ] τῆς μάχης
προδοσίαν οὖσαν Ἡρόδοτος ἀνθρώπων μόνος 10
ἁπάντων ἤκουσε, Παυσανίαν δὲ καὶ Ἀριστείδην
καὶ Λακεδαιμονίους καὶ Ἀθηναίους ἔλαθον οἱ
873 Ἕλληνες ἐγκαταλιπόντες τὸν κίνδυνον· | καὶ οὔτ'
Αἰγινήτας Ἀθηναῖοι διαφόρους ὄντας εἶρξαν τῆς
ἐπιγραφῆς, οὔτε Κορινθίους ἤλεγξαν, οὓς πρό- 15
τερον νικῶντες φεύγειν ἀπὸ Σαλαμῖνος, ἀντιμαρ-
τυρούσης αὐτοῖς τῆς Ἑλλάδος. καίτοι Κλεάδας
ἦν ὁ Πλαταιεύς, ἔτεσι‹ν ὕστερον› δέκα τῶν Μηδι-
κῶν Αἰγινήταις χαριζόμενος, ὥς φησιν Ἡρόδο-
τος (9.85.3), ‹ὃς› ἐπώνυμον ἔχωσεν αὐτῶν πο- 20

1-2 cf. Arist. 21, Paus. 9.2.5-6 et Frazerum ad loc.
13-15 de titulo cf. ad 870d   15-16 cf. supra 870b-c
17-20 cf. supra 871c

1 οἷς E : ἐν οἷς B   2 πρᾶγμ' Pe.: ὄνειδος Re.: ἔγκλημα
(cf. Wy.) vel κατηγόρημα Be.: lac. 6 litt. E, 9 B   7 ἀπε-
στοῖ Tu. (etiam apud Wy.), St., ex Hdt. : ἀπο + lac.
5 litt. EB; cf. Hansenium 1969 9   9 τὴν add. Re.
ἀπεστὼ Tu. (etiam apud Wy.), St.: ἀπο + lac. 4 litt. E,
8 B   15-16 οὓς πρότερον νικῶντες] οὓς πρότερον εἶπον
vel αὐτοὺς πρότερον εἰπόντες Tu. (etiam apud Wechelium),
sed εἶπον ex ἤλεγξαν subaudiendum, ut videtur   16 φεύ-
γειν] φυγεῖν Herwerden 1909   18 ἔτεσιν ὕστερον δέ-
κα scripsi (cf. Cam. 41.7): ὕστερον ἔτεσι δέκα Pe.: ἔτεσι
δέκα ὕστερον Le., Xy., St.: ἔτεσι δέκα EB; Hdt. δέκα ἔτεσι
ὕστερον praebet   20 ὃς add. Pe.; hic melius quam post

64

λυάνδριον. Ἀθηναῖοι δὲ καὶ Λακεδαιμόνιοι τί πα- (873)
θόντες εὐθὺς τότε πρὸς μὲν ἀλλήλους ὀλίγον ἐδέ-
ησαν εἰς χεῖρας ἐλθεῖν περὶ τοῦ τροπαίου τῆς ἀνα-
στάσεως, τοὺς δ' Ἕλληνας ἀποδειλιάσαντας καὶ
5 ἀποδρά{σα}ντας οὐκ ἀπήλαυνον τῶν ἀριστείων,
ἀλλ' ἐνέγραφον τοῖς {σ}τρ[ί]π[ο]σι / καὶ τοῖς   B
κολοσσοῖς καὶ μετεδίδοσαν τῶν λαφύρων, τέλος
δὲ τῷ βωμῷ τοὐπίγραμμα τοῦτο γράφοντες
ἐνεχάραξαν (Simon. fr. 140 Bergk = 107 Diehl)·

10 τόνδε < πο >θ' Ἕλληνες Νίκη< ς > κράτει, ἔργῳ
        Ἄρηος,
Πέρσας ἐξελάσαντες ἐλευθέρᾳ Ἑλλάδι κοινὸν
ἱδρύσαντο Διὸς βωμὸν Ἐλευθερίου;

μὴ καὶ τοῦτο Κλεάδας ἤ τις ἄλλος, ὦ Ἡρόδοτε,
κολακεύων τὰς πόλεις ἐπέγραψε; τί οὖν ἐδέοντο
15 τὴν γῆν ὀρύσσοντες διακενῆς ἔχειν {τὰ} πράγματα
καὶ ῥᾳδιουργεῖν χώματα καὶ μνήματα τῶν ἐπι-

Πλαταιεὺς (Du.) additur cum ex haplographia excidisse
videtur; contra, Al. ἦν del.

1-4 cf. Arist. 20.1   10-12 etiam exstat Arist. 19.7 et
AP 6.50; in AP inter hexametros pentameter subdicitius
(εὐτόλμῳ ψυχῆς λήματι πειθόμενοι) inuenitur, de quo v.
Wilamowitzium 1897 311-313 = 1913 197 sq. de monumento
cf. Paus. 9.2.5 et Aristid. i pp. 240 sq. Dindorf

5 ἀποδράντας Herwerden 1877: ἀποδράσαντας EB
6 ἐνέγραφον B: ἐνέγναφον E   τρίποσι Manton: στρ.'π.σι
E: τροπαίοις B e coniectura   10 ποθ' Xy., St., ex
Arist. et AP: μεθ' EB; de confusione literae π cum μ et ο cum
ε cf. Hansenium 1969 9 et 10 not. 29   Νίκης Tu.,
Xy., St. (cf. Νίκας Arist. codd.): Νίκην EB   Νίκης
κράτει] ῥώμη χερὸς AP, falso   11 ἐξελάσαντες B:
ἐξελάσαντας E   ἐλευθέρᾳ E: ἐλεύθερα B: ἐλεύθερον Arist.
                                            ἐγχεῖν
κοινὸν] κόσμον AP   15 ἔχειν E: ἔχειν B   τὰ del. Du.

65

ΠΛΟΥΤΑΡΧΟΥ

(873) C γινομένων ἕνεκ᾽ ἀνθρώπων κατα/σκευάζοντες,
ἐν τοῖς ἐπιφανεστάτοις καὶ μεγίστοις ἀναθήμασι
τὴν δόξαν αὐτῶν καθιερουμένην ὁρῶντες; καὶ
μὴν Παυσανίας ὡς λέγουσιν ἤδη τυραννικὰ
φρονῶν ἐπέγραψεν ἐν Δελφοῖς (Simon. fr. 138 5
Bergk = 105 Diehl)·

'Ελλήνων ἀρχηγός, ἐπεὶ στρατὸν ὤλεσε Μήδων,
Παυσανίας Φοίβῳ μνῆμ᾽ ἀνέθηκε τόδε,

κοινούμενος ἀ‹μ›ωσ‹γ›έπως τοῖς "Ελλησι τὴν
δόξαν ὧν ἑαυτὸν ἀνηγόρευσεν ἡγεμόνα· τῶν δ᾽ 10
'Ελλήνων οὐκ ἀνασχομένων ἀλλ᾽ ἐγκαλούν, ων,
πέμψαντες εἰς Δελφοὺς Λακεδαιμόνιοι. τοῦτο μὲν
ἐξεκόλαψαν, τὰ δ᾽ ὀνόματα τῶν πόλεων, ὥσπερ
D ἦν δίκαιον, ἐνε/χάραξαν. καίτοι πῶς εἰκός ἐστιν
ἢ τοὺς "Ελληνας ἀγανακτεῖν τῆς ἐπιγραφῆς μὴ 15
μετασχόντας, εἰ συνῄδεισαν ἑαυτοῖς τὴν ἀπ‹ε›-
[στὼ] τῆς μάχης, ἢ Λακεδαιμονίους τὸν ἡγεμόνα

7-8 exstat etiam Thuc. 1.132.2, Dem. 59.97, Aristodem.
FGrH 104 fr. 1.4.1, AP 6.197, Suid. s.v. Παυσανίας. cf. Paus.
3.8°.2   9-14 cf. Thuc. 1.132.3 (et 3.57.2), Nepot.
Paus. 1.3-4, Aristid. ii p. 234 Dindorf   13-14 et p. 67 vss.
5-6 de titulo cf. ad 870d

3 αὐτῶν St. : αὐτῶν EB   καθιερουμένην] κα-
θιερωμένην Emperius   7-8 'Ελλήνων ἀρχηγός ...
μνῆμ᾽] 'Ελλάνων ἀρχαγός... μνᾶμ᾽ AP   ὤλεσε...
ἀνέθηκε] ὤλεσα... ἀνέθηκα AP   8 Φοίβῳ B: Φόβῳ
E   9 κοινούμενος E: lac. 9 litt. B   ἀμωσγέπως
Re. : ἄλλως τε πῶς EB; cf. 859e et Hansenium 1969 10 not.
29 (ubi tolle sis lapsum calami)   13 δ᾽ om. E   ὀνό-
ματα E: ὀνόμτα B   14 ἐνεχάραξαν B: om. E;
stemmate quod dedi accepto nulla causa est cur emendes;
cf. contra, Powellium apud Mantonium et Pe.   16 συνῄ-
ήδεισαν E: συνήδεσαν B; cf. Veitchium s.v. εἰδέω
16-17 ἀπεστὼ Manton: ἀπο + lac. 4 litt. E: ἀπόλειψις
B e coniectura; cf. ad 872f

66

καὶ στρατηγὸν ἐκχαράξαντας ἐπιγράψαι τοὺς ἐγ-   (873)
καταλιπόντας καὶ περιιδόντας τὸν κίνδυνον; ὡς
δεινότατόν ἐστιν, εἰ Σωχάρης μὲν καὶ < 'Α >εί-
< μ >νηστος καὶ πάντες οἱ διαπρεπῶς ἀγωνισά-
5 μενοι τὴν μάχην ἐκείνην οὐδὲ Κυθνίων ἐπιγραφο-
μένων τοῖς τροπαίοις οὐδὲ Μηλίων ἠχθέσθησαν,
Ἡρόδοτος δὲ τρισὶ μόναις πόλεσιν ἀναθεὶς τὸν
ἀγῶνα τὰς ἄλλας πάσας ἐκχαράττει τῶν τροπαί-
ων καὶ τῶν ἱερῶν.

10   43. Τεσσάρων δ' ἀγώνων τότε | πρὸς τοὺς   Ε
βαρβάρους γενομένων, ἐκ μὲν 'Αρτεμισίου τοὺς
"Ελληνας ἀποδρᾶναί φησιν (8.18), ἐν δὲ Θερμοπύ-
λαις, τοῦ στρατηγοῦ καὶ βασιλέως προκινδυνεύον-
τος, οἰκουρεῖν καὶ ἀμελεῖν 'Ολύμπια καὶ Κάρνεια
15 πανηγυρίζοντας (7.206). τὰ δ' ἐν Σαλαμῖνι διη-
γούμενος τοσούτους περὶ 'Αρτεμισί< ας > λόγους
γέγραφεν (8.68 - 69, 87 - 88, 93, 101 - 103) ὅσοις
ὅλην τὴν ναυμαχίαν οὐκ ἀπήγγελκε. τέλος
δέ, καθημένους ἐν Πλαταιαῖς ἀγνοῆσαι μέχρι
20 τέλους τὸν ἀγῶνα τοὺς "Ελληνας (9.69 - 70.1),

3 Σωχάρης] cf. Hdt. 9.73.1   3-4 'Αείμνηστος] cf.
Hdt. 9.64..2 et Arist. 19.1   11-12 cf. supra 867d-e
15-18 cf. supra 869f-870a   19-20 cf. supra 872c

1 ἐκχαράξαντας Ε: ἐγχαράξαντας Β   3 Σωχάρης] Σω-
φάνης Wesseling ex Hdt. 9.73.1 (cf. etiam Cat. Ma. 29.2);
sed cf. Cim. 8.1   3-4 'Αείμνηστος Wesseling ex Hdt.
9.64.2, ubi est in codd. ABCP: Δείπνηστος ΕΒ; cf. Han-
senium 1969 10 not. 29. Aristod. FGrH 104 fr. 1.2.5 etiam
'Αείμν. praebet; idem nomen alibi quoque obviam fit (Thuc.
3.52.5; Diod. Sic. 14.14.6; et in titulis); cf. contra, Hdt.
l.c. çodd. DRSV et Arist. 19.1 cod. S ('Αρίμνηστος)   6 ἠχ-
θέσθησαν Ε: ἠδέσθησαν Β   13-14 προκινδυνεύον-
τος Β: προσκινδυνεύοντος Ε   14 Κάρνεια Β: 'Ακάρνια Ε
16 'Αρτεσίμιας Le., Fr.: 'Αρτεμ(ε)ισίου ΕΒ

67

(873) ὥσπερ βατραχομαχίας γινομένης, ⟨ἦν⟩ Πίγρης
ὁ Ἀρτεμισίας ἐν ἔπεσ⟨ι⟩ παίζων καὶ φλυαρῶν
ἔγραψε, σιωπῇ διαγωνίσασθαι συνθεμένων, ἵνα
λάθωσι τοὺς ἄλλους. αὐτοὺς δὲ Λακεδαιμονίους
ἀνδρ⟨ε⟩ίᾳ μὲν οὐδὲν κρείττονας γενέσθαι τῶν | 5
F βαρβάρων, ἀνόπλοις δὲ καὶ γυμνοῖς μαχομένους
874 κρατῆσαι. | Ξέρξου μὲν γὰρ αὐτοῦ παρόντος ὑπὸ
μαστίγων μόλις ὄπισθεν ὠθούμενοι προσεφέροντο
τοῖς Ἕλλησιν, ἐν δὲ Πλαταιαῖς, ὡς ἔοικεν, ἑτέ-
ρας ψυχὰς μεταλαβόντες λήματι μὲν καὶ ῥώμῃ οὐχ 10
ἥσσονες ἦσαν, ἡ δὲ ἐσθής, ἔρημος ⟨ἐ⟩οῦσα ὅπλων,
πλεῖστον ἐδηλήσατό σφεας· πρὸς γὰρ ὁπλίτας
ἐόντες γυμνῆται ἀγῶνα ἐποιέοντο (9.62.3 &
63.2). τί οὖν περίεστιν ἔνδοξον ἢ μέγα τοῖς Ἕλ-
λησιν ἀπ' ἐκείνων τῶν ἀγώνων, εἰ Λακεδαιμόνιοι 15
μὲν ἀόπλοις ἐμάχοντο, τοὺς δ' ἄλλους ἡ μάχη
παρόντας ἔλαθε, κενὰ δὲ πολυάνδρια τιμώμενα τοῖς
ἑκάστου, ψευστῶν δὲ γραμμάτων μεστοὶ τρίπο-

7-9 cf. Hdt. 7.223.3.

1 ἦν add. Wy.   1-3 Πίγρης... ἔγραψε] del. Immisch,
vix recte; sed cf. Peppmüllerum 1897 et 1901   2 ὁ
Ἀρτεμισίας] 'filius Artemisiae'; Xy. in versione ἀδελφὸς
voluit (cf. Suid. s.v. Πίγρης: ἀδελφὸς Ἀρτεμισίας), Wy. πολίτης
           ἐν ἔπεσι Fr.: ἐνέπεσε B: ἐνέπαισε E   5 ἀν-
δρείᾳ Du.: ἀνδρίᾳ EB   10 ψυχὰς μεταλαβόντες Al.:
ψυχὰς μεταλαβόντες et in margine γρ. στολὰς μεταβα (sic)
B: ψυχὰς μεταβαλόντες E   11 ἐοῦσα Be.: οὖσα EB; cf.
ἐόντες post pauca verba   12 πλεῖστον E: om. B
16 ἀόπλοις] cf. ἀνόπλοις 873f; utrumque uno in loco Pluta-
chum scripsisse veri simile non est, sed utrum rectius scri-
batur non liquet   17 τιμώμενα τοῖς ἑκάστου] 'posteris
cujusque (mortui) culta' (Benseler); ἑστᾶσι ex insequentibus
subaudiendum (Wy. in versione); Plut. minus eleganter hic
scripsit: emendatione opus non est   18 δὲ] τε Wy.

δες ἑστᾶσι καὶ βωμοὶ παρὰ τοῖς θεοῖς, μόνος δὲ (874)
τἀληθὲς Ἡ/ρόδοτος ἔγνω, τοὺς δ' ἄλλους ἅπαν- B
τας ἀνθρώπους ὅσοι λόγον Ἑλλήνων ἔχουσιν ἐξη-
πάτηκεν ἡ φήμη τῶν τότε κατορθωμάτων ὡς
5 ὑπερφυῶν γενομένων; τί δῆτα; γραφικὸς ἀνήρ,
καὶ ἡδὺς ὁ λόγος, καὶ χάρις ἔπεστι καὶ δεινότης
καὶ ὥρα τοῖς διηγήμασι,

μῦθον δ' ὡς ὅτ' ἀοιδός, ἐπισταμένως (Od. 11. 368)

μὲν οὔ, λιγυρῶς δὲ καὶ γλαφυρῶς ἠγόρευκεν.
10 ἀμέλει ταῦτα καὶ κηλεῖ καὶ προσάγεται πάντας,
ἀλλ' ὥσπερ ἐν ῥόδοις δεῖ κανθαρίδα φυλάττεσθαι
τὴν βλασφημίαν αὐτοῦ καὶ μικρολογίαν, λείοις καὶ
ἀπάλοις σχήμασιν ὑποδεδυκυῖαν, ἵνα μὴ λάθωμεν
ἀτόπους καὶ ψευδεῖς περὶ τῶν ἀρίστων / καὶ με- C
15 γίστων τῆς Ἑλλάδος πόλεων καὶ ἀνδρῶν δόξας
λαβόντες.

5 ἀνὴρ Be. (ὁ ἀνὴρ Du.): ἀνὴρ EB; idem error *Mor.* 136d,
920f(bis), 923a exstat   11 κανθαρίδα]cf. Be. *1879*
12 μικρολογίαν B: κακολογίαν E; cf. Fletcherum

INDICES

I. INDEX NOMINUM

71

74

INDICES

II. INDEX LOCORUM

75